S.F.
V.

Günter de Bruyn

Jubelschreie, Trauergesänge

Deutsche Befindlichkeiten

S. Fischer

Für Kian zum
weißnichtwievielten
Geburtstag von
Paul
Feb. '92

2. Auflage: 6.–8. Tausend

Umschlaggestaltung: Buchholz / Hinsch / Walch
Satz: Wagner GmbH, Nördlingen
Druck und Einband: Clausen & Bosse, Leck
Printed in Germany 1991
ISBN 3-10-009606-1

Zur Zeit

Zur Erinnerung

Brief an alle, die es angeht

Dieser Brief, sehr geehrte Herren, möchte Sie dazu bringen, die Arbeit des Umwälzens, mit der Sie beschäftigt sind, für einige Minuten ruhen zu lassen und den stetig nach vorn, in die Zukunft, gerichteten Blick kurz zurück oder nach innen zu wenden – sich also zu erinnern, bevor das Vergessen beginnt. Nicht die Forderung nach moralischer Bilanzierung (die unnötig ist: man kennt ja die bekannten Namen der Schuldigen) und auch nicht das zu erwartende Unverständnis der Nachgeborenen (die wieder einmal nicht werden begreifen können, daß die gleichen Funktionäre, Richter, Offiziere oder Zensoren, die das Unrecht begangen hatten, nach der Wende Gelegenheit bekamen, es auch zu verfluchen), gibt mir Anlaß, diese ungewöhnliche Bitte zu äußern, sondern, viel simpler, die reine Neugierde, die man, erhabener, auch Chronistenpflicht nennen könnte, käme dabei nicht, wie zu vermuten, etwas anderes, Ihnen Angenehmeres, heraus.

Jeder von uns, so geht meine Überlegung, der die letzten vierzig Jahre (oder Teile von ihnen) zwischen Oder und Elbe verbrachte, bemerkt, wenn er sich umwendet, um seinen Lebensweg überblicken zu können, Punkte oder ganze Regionen, in denen er oder seine Umgebung zum Spielball von Kräften wurde, die sich ihm nie oder nur in Verkleidung zeigten, so daß er, auch wenn er darüber nicht psychisch erkrankte, noch immer im Dunkeln tappt. Da diese heimlichen oder auch unheimlichen Mächte, die unser aller Leben bewegten oder tangierten, keine transzendenten, sondern höchst irdische waren, brauchte es Menschen, um sie wirksam werden zu lassen, also uns alle vielleicht, ganz sicher aber Sie, meine Herren.

Um Ihnen für das, was ich meine, nicht Beispiele aus dritter Hand zu geben, die Legion wären und leicht, da sie von Rufmorden, Verschleppungen, Inhaftierungen handelten, den Charakter von Horrorvisionen annähmen, will ich nur welche aus einem normalen, unsensationellen, von keiner Verfolgung oder Verhaftung gestörten, fast zurückgezogenen Leben wählen, aus meinem eignen nämlich, bei denen ich mich für jede Einzelheit auch verbürgen kann. Da erging, um ganz vorn und bei so Harmlosem, wie der Literatur, anzufangen, in den frühen fünfziger, also den erinnerungsvergoldeten Aufbau-Jahren aus dem Dunkel, das bisher nie gelichtet wurde, der nicht öffentlich gemachte, aber genau überwachte Befehl an die öffentlichen Bibliotheken, alle pazifistische, kosmopolitische und dekadente Literatur auszusondern und in die Papiermühlen zu bringen, eilig, unbürokratisch und rücksichtslos. Da es sich dabei vorwiegend um Literatur handelte, die die Nazijahre, in denen sie hatte verbrannt werden sollen, nur durch Zufall oder lebensgefährdendes Verantwortungsbewußtsein überstanden hatte, waren die Skrupel, Hitlers Vernichtungswerk an Freud, Hodann, Döblin, Gide, Kafka, Berta von Suttner oder der frühen sowjetischen Literatur fortzusetzen, bei den Bibliothekaren so groß wie die Angst vor den Strafen, die unter der Hand angedroht wurden, und von denen die fristloser Entlassung die mindeste war. Die Erfahrensten, weil sie am besten die Schande als solche erkennen konnten, wechselten damals (es war in Berlin) den Sektor, die anderen versuchten, soweit ihr Wissen zur Reifung eines schlechten Gewissens reichte, zu sabotieren, meist sicher so hilflos wie ich. Unter der nicht widerlegbaren und immer anfechtbaren Maxime: besser ich Guter sitze, wendig, geduckt, auf dem wichtigen Posten, als daß ein Böser größeres Unheil anrichten könnte, ließ ich mich in eine der Kommissionen beordern, die die Aufgabe hatten, Kommandos wie Kollektivbeschlüsse erscheinen zu lassen, mit dem Ergebnis, daß meine Einsprüche nur falschgesetzte Kommas verhindern konnten, auf einem der vertraulich zu behandelnden Rundschreiben aber, neben vielen anderen, auch mein Name erschien. Die Schamröte von damals will noch heute nicht weichen. Der vergebliche Versuch, mich vor der höheren Instanz in mir zu rehabilitieren, bestand darin, für den Reißwolf bestimmte Bücher vom Henkerkarren weg zu entwenden. Bis auf die dreibändige Erstausgabe von Musils »Mann ohne Eigenschaften«, die ich, weil ich sie, jung und dumm wie ich war, nicht zu schätzen wußte, verschenkte, stehen (das ist eine Selbstanzeige) die »Drei Soldaten« und »Manhattan Transfer«, der »Clerambault« und der »Wolf Solent«, »Im Westen nichts Neues« und »Berlin Alexanderplatz« noch immer, stumm anklagend, in meinem Regal.

Fehlte in diesem Beispiel dem unheilstiftenden Dunkel die Personifizierung, so handelte es sich im nächsten, bei dem es mir schwerfällt mich kurzzufassen, nur um eine bestimmte, für mich leider namenlose Person. Ich will ihr, um sie für sich selbst erkennbar zu machen, den

Namen Vernehmer geben – in der Hoffnung, daß dieser Herr sich, falls er diesen Brief liest, dabei an meinen Freund Herbert erinnert, von dem er sich fast zwölf Monate lang diese Anrede gefallen ließ. Herbert, der Untersuchungshäftling, der ein Jahr in einer Einzelzelle verbringen mußte, der dann, um dem Staat Kosten zu ersparen, zu einem Jahr Gefängnis verurteilt wurde, anschließend nach Haus gehen konnte und drei Tage und Nächte bei mir saß, um seine Isolationserlebnisse loszuwerden, war nämlich Pazifist, und zwar einer von der Sorte, die sich, ob es verboten ist oder nicht, zu ihrer Haltung bekennt. Aufgefordert, den ihn täglich verhörenden Anonymus mit seinem militärischen Rang anzureden, verweigerte er das mit Hinweis auf seinen Antimilitarismus, der solcherart Hierarchie zu respektieren verbiete, schlug dafür vor, ihn Herr Vernehmer zu nennen, und dieser ging darauf ein. Es war ihm nämlich an gutem Einvernehmen mit seinem Gesprächspartner in Anstaltskleidung gelegen, weil sich bei ihm das Ziel, Verborgenes über die Strafsache (die für Herbert Geheimnis blieb) zu erforschen, mit dem, etwas dazuzulernen, verband. Herbert, der mitteilungsbedürftig war, durfte reden und reden; besonders gewünscht waren berufliche, also bibliothekarische Fragen, und Herr Vernehmer machte sich nicht nur, was sozusagen natürlich war, bei Personen (meine darunter) Notizen, sondern war auch an Systematik, Freihandaufstellung, Fernleihe und Bibliographie interessiert. Da er eine rasche Auffassungsgabe hatte, war er terminologisch bald sicher und konnte geschickt über Ausleihtechniken und Katalogfragen diskutieren, so daß ihm Herbert am Haftende guten Gewissens versichern konnte: er habe den einjährigen

Lehrgang seines zweiten Bildungsweges mit Erfolg absolviert. Da bald darauf mein Freund seinem Leben ein Ende setzte (woran ich nicht ausschließlich den beiden Kollegen des Herrn Vernehmer, die ihn regelmäßig in seiner Wohnung vertraulich besuchten, die Schuld geben möchte), und ich den Beruf wechselte, ist keinem von uns der Bildungsbeflissene in seinem zu erwartenden Doppelberuf mehr begegnet. Ich aber versuchte seitdem immer, wenn ich Bibliotheken betrat, ihn herauszufinden, und frage mich heute, da seine eine, die geheime, Dienststelle aufgelöst wurde, ob man den Armen mit nur einem Gehalt einfach sitzen läßt.

Den beiden Herren meines dritten Beispiels, die sich, viel später, Eintritt in meine Wohnung verschafften, kann ich die Intelligenz eines Herrn Vernehmer zu meinem Bedauern nicht nachsagen; ehrlich gesagt, war ich über die Mißachtung, die sich in dieser Botenwahl ausdrückte, gekränkt. Sie gaben vor, alles über meine Arbeiten, die sie angeblich liebten, zu wissen, waren auf ihre Rolle als Liebhaber der Literatur aber so mangelhaft vorbereitet, daß es peinlich war, ihnen zuzuhören, und erst als meine Weigerung, das Gespräch fortzusetzen, ihre schmierige Freundlichkeit zu schmieriger Drohung machte, wirkten sie echt. Um den Komödienstoff, den sie mir boten, hier nicht zu verschenken, will ich von den Verwicklungen, die sie heraufbeschworen, um erneut in meine Wohnung gelangen zu können, schweigen und von ihnen nur das erzählen, was meine Forderung nach Gründung eines Zentralen Erinnerungsbüros (ZEB) unterstützt. Ihre Taktik, mich zu Auskünften gefügig zu machen, bestand in der Warnung vor der geschickten Taktik des Gegners, der angeblich im Begriff war, Auskünfte von mir zu erpressen; meine Taktik, sie loszuwerden, aber gründete sich in der Herstellung von Öffentlichkeit. Da die Überrumplung in meiner Wohnung am Vorabend eines Kongresses erfolgte, konnte ich morgens schon mehreren Kollegen von meinen ungebetenen Gästen erzählen und dabei die Beobachtung machen, daß das mir Widerfahrene durchaus keine Auszeichnung war. Einige von ihnen konnten sich nämlich für meinen Bericht mit einem ähnlichgelagerten revanchieren, zwei reagierten mit sichtlich gespieltem Erstaunen und die anderen verstummten ängstlich und wandten sich ab. Obwohl die Abwimmlung meiner unsensiblen Beschützer von nun an nur telefonisch erfolgte, bekam ich sie in den nächsten Jahren, wenn auch niemals wieder als Paar, noch mehrmals zu sehen. Der an Körperlänge und Geisteskraft Ärmere von ihnen, der sich in meiner Wohnung Herr Grube genannt hatte, gehörte in literarisch-politischen Spannungszeiten, wenn es darauf ankam, den Schriftstellern Angst zu machen, zu jenen müßig vor Haustüren umherschlendernden oder in Autos sitzenden Zivilisten, deren Mimik, der jeweiligen Lage entsprechend, unauffällig-gelangweilt oder gewalttätig-drohend war. Dem Längeren und Hübscheren von ihnen, der sich mit dem Namen Wolf bei mir eingeführt hatte, begegnete ich am Rande einer Literaturgroßveranstaltung wieder und später anläßlich eines Buchbasars. Als ich mich auf der Suche nach einer Toilette in einen der Nebenräume verirrte, fand ich dort ihn und einen Verbandsfunktionär im Gespräch. Die leise Verlegenheit, die sich bei meinem Gruß auf seinem Gesicht zeigte, war fast dazu angetan, ihn mir sympathisch zu machen, so daß, als später die anonym-zotigen Zuschriften und Maueranschläge kamen, die eine Pastorin der unabhängigen Friedensbewegung beschuldigten, mit mir ein sexuelles Verhältnis zu haben, ich ihn dieser Schweinereien für unfähig hielt.

Es ist durchaus möglich, daß nicht nur ich, sondern auch Wolf und Grube nicht wußten, was ich hätte nützen können, wäre ich zur Mithilfe bereit gewesen; denn auch ihre Geschicke wurden doch wohl in Regionen, in die sie kaum Einblick hatten, bestimmt. Aus dem Dunkel erhielten sie ihre Befehle, und wenn sie so wenig wie die Buchaussonderer der fünfziger Jahre von ihrer Arbeitsmaterie wußten, agierten sie auch wieder in ein Dunkel hinein. Selbst in höheren staatlichen Sphären war vermutlich die Beleuchtung wichtiger Vorgänge spärlich, was man aus einer mir bruchstückhaft bekannten Affäre um ein Buchverbot schließen kann. An diesem Beispiel, dem letzten, waren, nimmt man die Druckerei, den Verlag, den Verband, das Ministerium und eine höhere Parteibehörde zusammen, so viele von Ihnen, meine Herren, beteiligt, daß man hätte annehmen können, einer wenigstens hätte, wäre er mit der Wahrheit vertraut gewesen, dem Autor, mir nämlich, etwas über die Hintergründe gesagt. Das Buch war, falls das mir damals zu Ohren Gekommene stimmte, amtlich genehmigt, in hoher Auflage gedruckt, verboten, vernichtet, nach einem Jahr wieder genehmigt, erneut (in geringerer Auflage) gedruckt und schließlich verkauft worden, ohne daß man die Gründe für dieses und jenes erfuhr. Da auch der Minister, der in der Regel die Genehmigungen erteilen oder verweigern konnte, wie auch der Verbandspräsident und der Verlagsleiter, diese Seltsamkeiten nie aufklärten, entschuldigten oder verteidigten, ist daraus zu schließen: die Dunkelheit (und damit Schuldlosigkeit) herrschte bis in die höchsten Ränge hinauf.

Und deshalb (ich komme zum Schluß meines Briefes und endlich zur Sache) wird meine Idee, ein Büro zu gründen, das Erinnerung sammelt, Zustimmung in breiten Bevölkerungskreisen finden, die ganze Stufenleiter der Gesellschaft hinauf. Ein Computer müßte das anfallende Material speichern, es chronologisch, topographisch und sachlich ordnen, und über ein Personenregister müßten auch individuelle Schicksale spielend erschließbar sein. Durch die verschiedenartige Zuordnung der einzelnen Erinnerungsteilchen würde sich ein Netzwerk von Informationen ergeben, das Getrenntes erhellend zusammenführt. Da würde sich dann durch Knopfdruck erweisen, wer wo und wann für wen Schicksal spielte – doch würde, das ist sicher, jede Schuldzuweisung unsinnig werden, denn jeder hatte der schlechten Sache ja guten Glaubens oder der Not gehorchend oder mit Widerwillen, auf jeden Fall aber der Pflicht nachkommend, gedient. Unter dem Stichwort Aufbau des Sozialismus, in Klammern Bibliotheken, würde mir dort vielleicht ein hochdekorierter Aktivist der ersten Stunde mit seinen Gedanken über die Notwendigkeit der Reißwolffütterung mit Schriften von Proust und Einstein begegnen, und unter Zensur würden wahrscheinlich die an ihr beteiligten Leute erklären, wie schlimm die geworden wäre, hätten sie, wie sie oft vorgehabt hatten, ihren Posten zur Verfügung gestellt. Als Ort, an dem man bedrückende oder beglückende Erinnerungen sowohl abladen als auch korrigieren könnte, würde das ZEB sich für die psychische Volksgesundung bald als unentbehrlich erweisen. Die Alten könnten mit seiner Hilfe der drängenden Frage der nächsten Generation: Wie habt ihr das zulassen können! begegnen. Memoirenschreiber könnten sich in Methoden der Rechtfertigung schulen; und Opfer von Chefs, Offizieren oder Behörden lernten die guten Beweggründe (oder auch Ängste) ihrer Peiniger besser verstehen. Eine Goldgrube würde das ZEB aber vor allem für den Historiker werden. Der würde hier nicht nur Ergänzung und Korrektur der schriftlichen Quellen, sondern auch die der Tatsachen finden, so daß er die seltsame Geisteshaltung, die das Ergebnis einer verfluchten Vergangenheit als erhaltenswert ansieht, erklären und darüber hinaus auch den Nachweis erbringen können, daß hier ein fleißiges und gutgläubiges Volk, in dem jeder für jeden nur immer das Beste gewollt hatte, von einer Handvoll Unfähiger und Korrupter, die den Staat durch den Bau luxuriöser Jagdhäuser zugrunde gerichtet hatten, unterdrückt worden war. Zum guten Ende, so könnte es (zu Ihrer aller Nutzen, geehrte Herren) in der Erinnerungsbilanz des Historikers heißen, hatte man sich, unter vielem anderen Guten, das man vierzig Jahre lang hatte vergessen müssen, auch wieder auf die Bibel, und zwar auf das 3. Buch Mose, Vers 16, besonnen, also einige Böcke mit den Missetaten aller beladen und in die Wüste geschickt.

So viele Länder, Ströme, Sitten

Gedanken über die deutsche Kulturnation

Wenn ich von deutscher Kulturnation rede, drücke ich damit aus, daß ich, erstens (was sich von selbst versteht) kulturelle Bindungen für stabiler als staatliche halte, und, zweitens, daß mir Kultur verehrungswürdiger und wichtiger ist als der Staat. Dieser kann die Kultur (die vor ihm da war und ohne ihn da wäre) zwar schützen, hegen und pflegen oder auch unterdrücken, sie aber nicht machen; er ist für *sie* da, sie aber nicht für ihn. Der angemaßten Omnipotenz des Staates wegen ist der Begriff Kulturnation in den letzten zwei Jahrzehnten für mich wichtig geworden, denn er war Ausdruck der Tatsache, daß die Kultur im weitesten Sinne (von der 9. Symphonie bis zu der Art, Weihnachten zu feiern) die Bewohner der beiden deutschen Staaten noch immer verband. Ich hatte Verwandte, Freunde und Leser in beiden Teilen; meine lebenslange Beschäftigung mit deutscher Geschichte und Literaturgeschichte führte mir die Künstlichkeit der 1945 gezogenen Grenze ständig vor Augen, und da ich auf Reisen vergleichen konnte, fand ich die Richtigkeit des Begriffs durch Anschauung bestätigt: das Gemeinsame der als gegensätzlich geltenden Staaten kam unter der unterschiedlichen Oberfläche immer wieder hervor.

Geschichte hat keinen Sinn, der wird ihr gegeben, und zwar immer einer, der den Wünschen für die Zukunft entspricht. Die Ziele der Gegenwart bestimmen also die

Bewertungen des Vergangenen. Und da Bewertung auch Schwerpunktfestlegung und Auswahl bedeutet, schreibt jede Gegenwart die Geschichte neu, behauptet: so sei sie gewesen und diese und jene Lehren könne man aus ihr ziehen.

Ich bin in einer Zeit zur Schule gegangen, in der man noch Wert auf die Kenntnis von Geschichtszahlen legte, vielleicht auch deshalb, weil die nüchternen Zahlen ähnlich objektiv wirkten wie das Einmaleins. Da mußte ich auch, es war etwa 1942, bei einem Studienrat, der kein Nazi war, aber ein strammer Deutschnationaler, die sogenannte Preußische oder auch Vierziger Reihe lernen, die 1140 (mit Albrecht dem Bären) begann, sich über die Jahre vierzig der nächsten Jahrhunderte etwas gewollt und ungenau fortsetzte, mit den Thronbesteigungen von 1640 (der Große Kurfürst), 1740 (Friedrich der Große), 1840 (Friedrich Wilhelm IV.) richtig in Gang kam, um dann aber, als Höhepunkt, Abschluß, Krönung des Ganzen, als Ziel all der Schlachten und staatsmännischen Künste, mit 1940 zu enden: Sieg über Frankreich, Rache für Versailles.

Das war Sinngebung für Kinder. Aber auch der doch wohl für Erwachsene schreibende Hegel, der seinen vom Weltgeist bestimmten Plan des Geschichtsablaufs, dieses Zusichselbstkommens der Vernunft, im preußischen Staat seiner Gegenwart enden ließ, oder Stalin und Nachfolger, die von dem Schlußpunkt der Geschichtsdialektik, der Kommunismusverwirklichung, schon das Datum wußten, waren darin nicht weniger grob. Feiner, differenzierter, aber im Prinzip ähnlich, ging und geht es in der seriösen Geschichtsschreibung zu. Für jeden Historiker, der auf Nationalstaatlichkeit setzte, war der

Westfälische Frieden von 1648, seiner Festschreibung der deutschen Zerrissenheit wegen, ein Unglück, dem anderen aber, dem es auf Frieden und Rechtsstaatlichkeit ankam, war das als Flickenteppich verhöhnte Reich ein kunstvoll-föderatives, die Stabilität Europas sicherndes Gebilde und der schwerfällige (weil so viele Einzelrechte sichernde) Reichstag eine Vorform des Parlaments.

Aus der Geschichte zu lernen, heißt ersteinmal: sie sich gefügig zu machen – was nicht unbedingt verfälschend geschehen muß. Ich sage das nicht, um zu diskreditieren, sondern um anzudeuten, daß auch mein Blick in die Geschichte durch eine von Absichten gefärbte Brille geht. Indem ich mich auf den Begriff der Kulturnation einlasse und ihn in positivem Sinne verwende, setze ich von vornherein schon Prioritäten und richte und begrenze dadurch meinen historischen Blick.

Als am 9. November vorigen Jahres (wobei zu überlegen wäre, ob die 9.-November-Reihe: 1918, 1923, 1938, 1989, nicht vielleicht auch als Instrument der Sinngebung taugte) . . . als also am 9. November vorigen Jahres Millionen von DDR-Bewohnern besuchsweise nach Westen drängten, hatte die Mauer nur Löcher bekommen, die Theorie der Abgrenzung aber, die man in der DDR zwei Jahrzehnte lang ständig aufs neue bewiesen, verfeinert, zum Dogma erhoben und an Universitäten und Schulen eingepaukt hatte, war unter den Füßen der jubelnden Massen (oder unter den Trabant-Rädern) zu Tode gekommen, und obwohl ihre geistigen Väter noch leben, amtieren und publizieren, hat man von ihr nichts mehr, nicht einmal einen Nachruf gehört. Letzteren müßte vielleicht ich für sie schreiben. War sie es doch, die durch die Behauptung, es gäbe inzwischen zwei deutsche Nationen, zwei deutsche Kulturen, zwei deutsche Literaturen, von denen die eine der anderen um eine Geschichtsepoche voraus wäre, in mir den Gedanken an eine deutsche Kulturnation festigte, als theoretisches Gegengewicht. Diese Entstehung durch Abstoßung war mir so deutlich, daß mir bei Hinscheiden der einen Theorie die andere entbehrlich erscheinen wollte, doch zeigte sich bald, daß das in dieser Weise nicht stimmte, der Begriff der Kulturnation also mehr als eine Schutz- oder Hilfskonstruktion war. Sie ist auch noch brauchbar für heute und morgen, weil sie nicht nur zu der Zwei-Nationen- und Zwei-Kulturen-Theorie den Gegenpol bildet, sondern auch den zu einem Denken, das als Voraussetzung für das Weiterbestehen der deutschen Kultur den einheitlichen Nationalstaat sieht. Wenn ich die Kultur für die stabilere Basis halte, die auch eine Trennung von vier Jahrzehnten nicht zu zerstören vermochte, muß sie nicht zwangsläufig zum Anlaß der Einheitsbestrebung werden, wenn andere Gründe dieser entgegenstehen. Deutsche Kulturnation bedeutet also in diesem Sinne eine Souveränität, die der der Staaten nicht untergeordnet ist.

Ich habe nichts gegen die staatliche Einheit der Deutschen, vorausgesetzt, sie gereicht letzten Endes allen sozialen Schichten zum Nutzen und nichts erinnert dabei an unseliges Altes, weder die Jahreszahl 1937, noch Stellung und Stärke des Militärs. Ich teile nicht die Meinung vieler meiner Freunde, man könne ein diktatorisches Regime verfluchen und seine Spitze entmachten, das Produkt dieser Diktatur aber für erhaltens- und preisenswert halten. Den stolzen Traum, ausgerechnet die Deutschen seien von der Geschichte dazu auserwählt worden, der Welt die Realisationsmöglichkeit einer Synthese von Sozialismus und Demokratie zu beweisen, träume ich also nicht. Inwieweit diese Träumer (die ich übrigens für höchst ehrenwert halte, wenn sie am Ort des Geschehens sitzen, also das Experiment teilnehmend mittragen wollen, wohingegen ich diejenigen weniger sympathisch finde, die von außen fordern, daß man doch bitte, damit ihre Träume nicht Schaden nähmen, das Experiment fortsetzen möge) . . . inwieweit also die DDR-Sozialisten ihr Ideal treibt und nicht Angst vor dem Ungewohnten, wird sich wohl nie klären lassen, weil sie sich darüber selbst nicht im klaren sind. Daß sie mit ihrem schwarzweißen Entweder-Oder, in dessen schwarzer Alternative vor allem Drogentote, Obdachlose und Neonazis vorkommen, den alten Polizei- und Überwachungsstaat fordern, ist ihnen, wie es scheint, auch nicht klar. Ähnliches gilt von der Forderung vieler Künstler, der Staat, der sie gerade aus der Bevormundung entlassen hat, möge sie nun aber vor den Folgen der Freiheit schützen. Das ist, wie ich finde, ein Widerspruch in sich selbst.

Mit dem Gedanken, die DDR als Nationalpark für ein gesellschaftspolitisches Experiment zu erhalten, kann ich mich also nicht befreunden, besonders dann nicht, wenn es, wie man es vorhat, gelänge, ihr ihr Bestes, die ineffiziente Gemächlichkeit nämlich, durch Leistungsdruck auszutreiben – wodurch dann ja wohl auch die unausrottbar zum DDR-Mythos gehörende angeblich dort herrschende menschliche Wärme und Geborgenheit auf der Strecke bliebe, falls es die jemals gab.

Daß Gegner der Einheit jeden nationalen Gedanken gleich nationalistisch oder gar chauvinistisch nennen und jede Einheitsbestrebung mit einer großdeutschen gleichsetzen, halte ich nicht nur für fahrlässig (weil man damit den Spielraum der wahren Nationalisten vergrößert), sondern auch für ein Zeichen historischer Unbildung; denn der Begriff eines Großdeutschland war schon ein halbes Jahrhundert vor Hitler besetzt. Da Bismarcks Lösung der deutschen Frage eine kleindeutsche hieß, dürfte der Name für die mögliche Einheit von morgen höchstens der einer kleinstdeutschen sein.

Fraglich ist aber, ob es gut ist, heute forciert nach staatlicher Einheit zu streben. Erstens sprechen (was hier nicht zum Thema gehört, aber zwingend ist) die alliierten Sieger des letzten Krieges, die Militärblöcke, die europäische Stabilität und die Rücksichtnahme auf die Nachbarn dagegen, zweitens soziale Probleme, die sich des Wohlstandsgefälles wegen nicht übers Knie brechen lassen, und drittens (nun bin ich wieder bei meinem Thema) eine deutsche kulturelle Erfahrung, die ich Gewinn durch Vielfalt oder das föderative Prinzip nennen will.

Wer von Kulturnation redet, braucht sich vom ersten deutschen Nationalstaat, dem Bismarck-Reich, das allen Einheitsgegnern der letzten Zeit als abschreckendes Beispiel diente, nicht schrecken zu lassen; denn das Reich, das er meint, reichte weiter, vielleicht bis zu Luther, ganz deutlich aber in die Zeiten der Aufklärung zurück. Als Gottsched in Leipzig seine »Deutsche Gesellschaft« gründete, Lessing sich in Hamburg um ein Theater bemühte, das der ganzen Nation gehören sollte, Justus Möser aus Osnabrück in seinen »Patriotischen Phantasien« die regionale Mannigfaltigkeit der Deutschen nicht als störend, sondern befruchtend empfand, und Herder erkannte, daß die Kulturen im weitesten Sinne (also die

Sprachen, die Lieder, die Dichtungen, Sitten, Gebräuche) es sind, die die Nationen bilden – war es schon da, dieses nicht unverwüstliche, aber doch langlebige Band, das in klassischer Zeit, die eine Zeit politischer Zerrissenheit war, ein nationales Zusammengehörigkeitsgefühl schuf. Das 19. Jahrhundert, das die Nationalstaatlichkeit zum Dogma machte, hat in diesem Denken des 18., das in seinen Grundzügen demokratisch war und politische Grenzen nicht achtete, nur Vorläufer- oder Ersatzfunktionen gesehen. Aus Herders Ideen, in denen alle, auch die kleinsten Nationen mit gleicher Ehrfurcht betrachtet wurden, hat die Romantik dann unter napoleonischem Druck den schrecklichen deutschen Nationalismus entwickelt und von einem Deutschland geträumt, das nicht nur groß, sondern riesenhaft war: so weit die deutsche Zunge klingt. Die Kultur, in der nach Herder, Schiller, Jean Paul die Deutschen Zusammenhalt und Identität finden sollten, wurde fortan durch ein politisches Macht- und Stärke-Denken ersetzt. Als Heine spottete: »Wir aber besitzen im Luftreich des Traums die Herrschaft unbestritten«, stellte er damit eine Metapher Jean Pauls auf den Kopf, in der es geheißen hatte: »die geistige Luft« (und nicht die politisch-militärische Stärke) sei das für die Deutschen geeignete Element. Die »Deutsche Größe« (so der Titel eines unausgeführten Altersgedichts von Schiller) beruhte für diesen in Geist, Kultur und Charakter, und im fehlenden Zentralismus vermochte er nur Positives zu sehen. »Keine Hauptstadt und kein Hof«, heißt es in seinen Notizen, »übte eine Tyrannei über den deutschen Geschmack aus. So viele Länder und Ströme und Sitten, so viele eigne Triebe und Arten.« – Doch mit dieser Art, Nationales zu sehen, war es, wie gesagt, mit der politischen Romantik vorbei. Der Nationalismus von Jahn, Arndt und Fichte wurde, unter Hinzufügung rassistischer Töne, ein Jahrhundert später zur sogenannten Völkischen Bewegung, und von dieser wurde ja dann, zu unser aller Unglück, auch Hitler, dem wir nicht nur die deutsche Teilung, sondern auch die Scheu, national zu denken, verdanken, bewegt.

Wem Kulturelles etwas bedeutet, dem muß sich bei Betrachtung der deutschen Geschichte die Erkenntnis aufdrängen, daß die glücklicheren Zeiten nicht die eines nationalstaatlichen Zentralismus mit militärischer Machtentfaltung und dazu passenden Hermanns- und Völkerschlachtdenkmälern waren, sondern die eines ausgeprägten Föderalismus, in dem es mehrere, sich gegenseitig befruchtende Zentren gab. Die gibt es im westlichen Deutschland auch heute. In der zentralistischen DDR hat ihre Ausprägung begonnen (Leipzig ist dafür ein ins Auge fallendes Beispiel), und wenn man, was begrüßenswert wäre, die Ländereinteilung wieder einführen würde, förderte man diesen Trend sicher sehr. Aber auch das östliche Deutschland als Ganzes könnte zur kulturellen Vielfalt einen nicht unbeträchtlichen Beitrag leisten; denn die vierzig Jahre andersgearteten politischen Lebens in Unterdrückung und Mangel, in sozialer Sicherheit und Unmündigkeit haben das sich als beständig erwiesene Nationale doch in spezieller, nicht nur unguter, Weise geprägt. Literatur oder Musik oder Sozialempfinden haben in dieser Zeit doch auch eigne Töne bekommen, deren Mitwirkung in einem künftigen deutschen Konzert man sich wünscht.

Dieses sollte aber, da alles Kulturelle Zeit braucht zum Wachsen und Reifen, nicht zu früh und zu heftig einsetzen, damit leise Töne darin nicht verlorengehen. Denn so günstig auch einheitliche Märkte und Verkehrsordnungen sein mögen, so schlecht sind Einebnungen in kulturellen Bereichen – eine Regel, die natürlich nicht nur für Deutschland, sondern auch für ein einheitliches Europa gilt.

Wenn jetzt, als letzte Rettung des Sozialismus, der Kapitalismus (wenn auch vielleicht nur ein 49-prozentiger) von der DDR-Wirtschaft gerufen wird, um ihr Nachhilfeunterricht zu erteilen, so ist zu vermuten, daß das nicht in erster Linie eine Unterrichtung in Kulturförderung wird. Das Beste an ihm, dem Kapitalismus, ist in dieser Hinsicht wohl, daß er keinen Anspruch erhebt, als moralisch zu gelten, daß er also zugibt, Moralisten zu brauchen, die ihn zu bremsen und ihm das abzutrotzen versuchen, was für Soziales und Kulturelles vonnöten ist. In der DDR mit ihren Massen geschulter Antikapitalisten, wird er es, könnte man annehmen, besonders schwer haben sich auszuleben, aber ich fürchte, man täuscht sich in dieser Annahme; denn in den 40 Mangel- und Schweigejahren hat man besser als den Antikapitalismus die Wohlstandssehnsucht und die Anpassung gelernt. Daß sich bei einer Veränderung der Herrschaftsverhältnisse und Ideale eine völlige Umschichtung ergäbe, ist deshalb nicht anzunehmen; die Streber und Sitzenbleiber, die Jubler und Kritiker werden etwa dieselben sein. Auch das ist es, was ich mit der einen Kulturnation meine; sie drückt sich auch aus in der Haltung vor Königsthronen; und die ist, bei allen augenscheinlichen Unterschieden, die sich bei genauerem Hinsehen als unwesentlich erweisen, hüben und drüben in erstaunlicher Weise gleich.

Von der Existenz einer deutschen Kulturnation auszugehen, zu der man gehört, ob man will oder nicht, scheint mir ehrlicher und objektiver als das Reden von nationalen Gefühlen, die die Massen angeblich bewegen – oder auch angeblich nicht. Zu oft schon mußten diese Gefühle (oder der Mangel an ihnen) als Deckmantel für Machtkalkül dienen. Auch als am 9. November die Massen nach Westen drängten, war nicht klar, ob die Sehnsucht nach den deutschen Brüdern oder die nach den Schaufenstern sie trieben – was ich ihnen nicht etwa verüble, ich drücke nur mein Mißtrauen in entsprechende Deutungen aus. Für die praktische Politik der zwei deutschen Staaten wäre es vorteilhafter, den Begriff der Kulturnation zu verwenden, weil er sozusagen metapolitisch ist. Er sagt aus, daß die Deutschen, durch Kultur und Geschichte bedingt, zusammengehören, aber über Grenzen, Verfassungsgrundsätze und Souveränitätsrechte sagt er nichts. Als ein Dach für eine deutsche Gemeinschaft, in der jeder die Empfindlichkeiten und verletzlichen Stellen des anderen achtet und das Aufkommen von Verstörtheit bei den Anrainern vermeidet, wäre er also geeignet, und es ließe sich mit ihm alles regeln, was im weitesten Sinne zu Kultur und Geschichte gehört. Die Stiftung Preußischer Kulturbesitz könnte zum Grundstein für einen Gesamtdeutschen Kulturbesitz werden, den ein unabhängiges Gremium, das über einen Kulturfonds verfügt, verwaltet. Gelder dafür könnte beiderseitige Abrüstung erbringen. An Gemeinschaftsprojekten wäre kein Mangel. Ich denke da an den Reichstag (der dann vielleicht den Rat der Konföderation beherbergen könnte), das Deutsche Historische Museum, die Wiederherstellung alter Städte, ein Zentralarchiv, eine Nationalbibliothek oder gar eine gemeinsame, ganz der Kultur gewidmete Rundfunk- und Fernsehstation.

Der Ehrgeiz der DDR, eine eigne Identität zu beweisen, wird in der Kultur (da mit dem Staat keiner zu machen ist) wohl am besten gelingen. Für die kulturellen Gemeinschaftsprojekte von morgen wird sich das als genauso fruchtbar erweisen, wie übermorgen eine *deutsche* Kulturidentität im geeinten Europa, dessen Vielfalt keine Nationalkultur missen kann.

Deutsche Befindlichkeiten

Um Ihnen zu Beginn meines Versuchs über »Deutsche Befindlichkeiten« gleich die Farbe der Brille zu zeigen, durch die ich die Deutschen von heute (besonders die des östlichen Deutschlands, die ich genauer kenne) zu sehen gedenke, möchte ich vorweg eine Erklärung über mich selbst abgeben, nämlich die, daß *meine* Befindlichkeit nichts zu wünschen übrigläßt. Ich will damit sagen, daß ich im Prinzip die Entwicklung der deutschen Dinge des letzten Jahres begrüße, also nicht aus Trauer, Angst oder Enttäuschung zum Schwarzsehen neige, daß ich mir andererseits aber auch meine Kritikfähigkeit in gesunder Frische erhalten habe, Ihnen also kein Bild in Rosarot malen will. Der Standpunkt, von dem aus ich, ob ich will oder nicht, die heutige Lage sehe, ist der eines schon ziemlich bejahrten Deutschen, der bei Hitlers Machtantritt 1933 Lesen und Schreiben lernte, bewußt die Schrecken des Krieges erlebte, und 1949, als DDR-Deutscher, begann seinen Beruf auszuüben. Mein Blick also ist der eines Menschen, der 12 plus 40 Jahre in Staaten lebte, die sich zwar in vielen, auch entscheidenden Dingen sehr voneinander unterschieden, sich aber darin doch ähnlich waren, daß man als selbständig denkender Mensch den Mund halten mußte, seine Regierung nicht wählen konnte und einer Gesetzlichkeit unterlag, die den Namen Recht nicht verdient. Daß von diesem Standpunkt aus das vergangene Jahr ein Freudenjahr genannt werden kann, ist verständlich, besonders dann, wenn ein Schriftsteller mit langer Zensur-Erfahrung das sagt.

Wenig gesagt ist mit dieser individuellen Standortbestimmung über das Allgemeine. Denn das setzt sich aus vielen Facetten vieler unterschiedlicher Individuen zusammen: das gleiche Ereignis (das Ende eines Staates zum Beispiel), das dem einen Freude und Erleichterung bereitet, ist für den anderen Verlust oder Schmerz. Verallgemeinerungen sind also stets fragwürdig, doch wird man ohne sie nicht auskommen können. Ich bitte Sie aber, sich bei meinen Ausführungen immer vor Augen zu halten: stünde ein anderer hier, um Ihnen seine Eindrücke zu vermitteln, käme wahrscheinlich auch etwas anderes heraus.

Die Deutschen von heute kommen aus zwei verschiedenen Erfahrungsbereichen; sie gleichen Kindern einer Familie, die getrennt in verschiedenen Umwelten aufwuchsen und auf die eine andere Art von Erziehung eingewirkt hat. Denn der Eiserne Vorhang der fünfziger Jahre, der in den sechzigern in Deutschland zu einer Betonmauer wurde und erst nach 28 Jahren gewaltlos beseitigt werden konnte, trennte nicht nur Militärblöcke, Wirtschaftsgefüge und Ideologien, sondern auch Lebensgefühle, die nicht so schnell wie die Mauer zu beseitigen sind. Da steht beiderseits Gelerntes und Erfahrenes aus unterschiedlichen Welten dahinter. Da wurde zwar in beiden Teilen weiterhin Deutsch gesprochen, aber die Einflüsse, denen man ausgesetzt war, hatten übernationalen Charakter – wie ja auch deutsche Politik der letzten Jahrzehnte immer von Europa- und Weltpolitik abhängig war. Ohne die Friedenssicherungsbemühungen und die Annäherung der Großmächte wären die gewaltlose

Umwälzung in der DDR und die Vereinigung Deutschlands nicht möglich gewesen. Die deutsche Teilung war ein Produkt des Kalten Krieges, und sie endete auch mit ihm.

Seine psychologischen Nachwirkungen sind heute mein Thema. Denn die Seelenlage der Deutschen und die Verständigungsschwierigkeiten, die sie teilweise miteinander haben, sind hauptsächlich auf die Tatsache zurückzuführen, daß sie fast ein halbes Jahrhundert lang politisch, gesellschaftlich und ökonomisch unter so unterschiedlichen Bedingungen lebten, daß in den letzten Jahren oberflächliche Betrachter die nationalen Gemeinsamkeiten schon nicht mehr zu sehen glaubten und die Auffassung, daß die zwei deutschen Staaten dauerhaft sein könnten, an Boden gewann. Von heute aus gesehen, also im Nachhinein, wo man bekanntlich stets klüger ist, zeigt die Deutschlanddebatte des letzten Jahrzehnts seltsame, geradezu komische Züge; denn je näher der Tag der Vereinigung rückte, desto mehr wurden sich die Theoretiker über die Unrealisierbarkeit, die Gefährlichkeit oder Nutzlosigkeit der Vereinigung einig. Wer auf Einheit bestand, galt als Nationalist oder Träumer, wer sie für unmöglich oder nicht wünschenswert hielt aber als Realist. Das Gerippe der Einheit doch gefälligst im Schrank zu lassen, wurde den westdeutschen Zeitungslesern noch 1989 von einem bedeutenden Kommentator geraten, und er drückte damit nur besonders drastisch eine, nicht nur in intellektuellen Kreisen vorherrschende, Stimmung aus. Man hatte sich, um nicht als realitätsblind zu gelten, dem Tabu der deutschen Zweistaatlichkeit unterworfen, hatte empfohlen, die entsprechenden Passagen des Grundgesetzes und die dazugehörige routinierte regierungsamtliche Einheitsrhetorik nicht ernst zu nehmen, hatte Sprache, Verwandtschaft und nationale Eigenarten geringgeachtet – und war damit ungewollt der These der SED-Theoretiker entgegengekommen, nach der es seit den sechziger Jahren zwei deutsche Nationen mit zwei nationalen Kulturen gab. Nach der Öffnung der Mauer wurde von ehemaligen DDR-Prominenten aus Politik und Kultur wenig glaubhaft behauptet, daß diese These einzig und allein vom Partei- und Staatschef befohlen und einzig und allein auch von ihm nur geglaubt wurde – wobei letzteres bei dem Saarländer doch wohl auch zweifelhaft ist. Jedenfalls wurde in der DDR die Theorie von den zwei Nationen zum unumstößlichen Grundsatz erhoben, an dem öffentlich Zweifel zu äußern verboten war. Dreißig Jahre lang etwa mußten Lehrer und Professoren, Schriftsteller und Journalisten die Endgültigkeit deutscher Teilung immer wieder beschwören, und trotzdem blieb das Ergebnis dieser Bemühung gering. Denn die nichtschreibende und nicht theoretisierende Bevölkerung, also die einfachen Leute, die zum großen Teil ihre Verwandtschaft im Westen hatten, lernten dabei nur die Sprachregelung zu beachten und der Frage nach deutscher Einheit geschickt auszuweichen, und auch jene Kreise, die heute, nach der Vereinigung, ihr Mißfallen daran bekunden, äußern nur Zweifel an der Form und Geschwindigkeit des Prozesses, nicht aber an der Zusammengehörigkeit selbst.

Da Rufer nach Einheit, wie der Schriftsteller Martin Walser, in den achtziger Jahren ziemlich vereinzelt blieben und die Masse der Bundesbürger sich für die DDR nicht sonderlich interessierte, war man hier wie dort damit beschäftigt, sich in den ursprünglich als provisorisch gedachten Staaten, die man inzwischen für unveränderbar hielt, verstandes- und gefühlsmäßig einzurichten, wozu auch das Bemühen gehörte, die deutsche Geschichte in diesem Sinne zu sehen. Besonders beliebt war dabei die Behauptung, daß es vor dem Reich Bismarcks ein Deutschland eigentlich gar nicht gegeben habe und daß die Nation mehr ein Mythos oder eine Chimäre sei. Man verkannte dabei aber völlig, daß sich das Zusammengehörigkeitsgefühl der Nation schon lange vor der staatlichen Einheit gebildet hatte, spätestens in den Zeiten der Aufklärung und der klassischen deutschen Literatur. Unter dem Druck Napoleons wurde daraus dann freilich ein Nationalismus entwickelt, der, mit dem Zwischenspiel von 1848, über das Bismarck-Reich bis zu Hitler reichte, erst unter dem Schock des verlorenen Krieges sein Leben aushauchte und einem demokratischen Nationalgefühl wich. Die Kulturnation blieb auch, der Mauer zum Trotz, in den 45 Jahren der staatlichen Trennung erhalten, und Literatur und Kunst hatten großen Anteil daran. Die nationale Prägung war stärker als Pessimisten und Ideologen glaubten. Viel ist in dieser Hinsicht auch den wechselnden Bundesregierungen zu danken, die über ihren westlichen Bindungen nicht die nationalen vergaßen, nie die gemeinsame Staatsbürgerschaft preisgaben, Flüchtlingen eine neue Heimat boten, Häftlinge freikauften, wirtschaftlich aushalfen und mit den Medien im anderen Deutschland immer präsent waren, so daß der Blick des östlichen Teils immer nach Westen gerichtet blieb. Jederzeit war es selbstverständlich, daß die Millionen von DDR-Deutschen, die in den Jahrzehnten der Teilung der Unterdrückung und der Armut den Rücken kehrten, ihr Heil in der Bundesrepublik suchten; und als sich 1989 durch die Massenflucht vorwiegend junger Leute, ohne daß jemand es ahnte, der Anfang vom Ende der DDR ankündigte, bestätigte sich auch wieder durch Fluchtziel und westliche Hilfsbereitschaft der Zusammenhalt der Nation.

Trotzdem stand der befreiende Herbst, der das Ende der SED-Herrschaft und die Öffnung der Mauer brachte, nicht von vornherein im Zeichen der Einheit; denn diese schien anfangs den einen nicht wünschbar, den anderen nicht realisierbar zu sein. Die relativ kleinen Gruppen der Oppositionellen, die die Geschehnisse in Bewegung gebracht hatten, wollten die DDR nicht abschaffen, sondern sie reformieren, und auch den Massen, die ihnen auf die Straße gefolgt waren, schien es anfangs nur um das Ende der Unterdrückung zu gehen. Das Tabu der Zweistaatlichkeit wirkte noch einige Wochen, dann erst herrschten auf den Straßen die Einheitsparolen, und das Volk, dem Kritiker entweder Nationalismus oder aber Wohlstandsgier als geheimes Motiv unterstellten, verabschiedete sich von den ideal-sozialistischen DDR-Reformern – und wählte im März Helmut Kohl. Das Nationale, aus welchen Gründen auch immer, hatte sich als haltbar erwiesen. Nach dem wohl glücklichsten Tag der deutschen Geschichte dieses Jahrhunderts, dem Tag der Maueröffnung am 9. November, konnte niemand daran mehr zweifeln. Doch als der Jubel über die Befreiung verebbt war, die Ostler auf Weststraßen lästig wurden, spontan geschlossene Ost-West-Freundschaften in Peinlichkeit endeten, also Alltägliches wiederkehrte, wurde auch das Ausmaß an Verschiedenheit deutlich, das durch die Trennung entstanden war.

Da die Schwierigkeiten, die Ost- und Westdeutsche

heute miteinander haben, oft übertrieben werden, scheint es notwendig, vor dem Unterschiedlichen auf das Gemeinsame hinzuweisen – womit ich weniger die Unart meine, das eigne Verhalten normal und das andere abwegig zu nennen, als vielmehr das kulturelle Geprägtsein, das man als Selbstverständlichkeit nimmt und kaum noch bemerkt. Das in Jahrhunderten in Deutschland Gewachsene (vielleicht darf man sagen: das Deutsche) hat sich in dem halben Jahrhundert der Trennung wenig verändert, und wenn doch, dann in beiden Teilen, denn alle Veränderungen der Lebensweise, die im Westen vorwiegend durch Technisierung entstanden, setzten sich auch im Osten Deutschlands, wenn auch später und schwächer, durch. Die Sprache ist, allen Unkenrufen zum Trotz, die gleiche geblieben; mit der Entmachtung der Funktionäre ist, bis auf Spuren, auch deren Jargon verschwunden; der vielbelachte Broiler der DDR ist schon vor der Währungsumstellung wieder zum Brathähnchen geworden, während die Datsche, im Austausch gegen viele Anglizismen und Modewörter, nach Westen ging. Es gibt also keine Schwierigkeit, sich sprachlich verständlich zu machen; man kann benennen, was einen freut, schmerzt und trennt.

Als die Trennung begann, waren die Deutschen insgesamt arm, geschlagen und schuldbeladen und deshalb offen für alles, was von den Siegern kam. Das aber galt im Westen mehr als im Osten. So könnte man zwar, so fragwürdig das ist, von einer Amerikanisierung der Bundesrepublik sprechen, kaum aber von einer Russifizierung der DDR. Hier wurde zwar das sowjetische Machtsystem als leicht variierte Kopie übernommen, aber man sträubte sich anfangs in breiten Kreisen dagegen und hielt das private Leben, soweit es möglich war, davon frei. Manches Tradierte und Altmodische konnte sich so länger erhalten, doch drangen westliche Lebensweisen und Bildungsgüter, die in der ersten Zeit heftig, später nur noch halbherzig oder gar nicht bekämpft wurden, mit leichter Verspätung mehr und mehr ein. Die Kommunikation mit dem Westen wurde, trotz Mauer und Grenzkontrollen, gänzlich nie unterbrochen; Verwandtschaft und Freunde, Interesse an Technik, Musik oder Mode und vor allem das Informationsbedürfnis, das die Medien der DDR ihrer sogenannten Parteilichkeit wegen nie befriedigen konnten, sorgten dafür. Um über die Welt, in die man nicht reisen konnte, und auch über die DDR, in der man lebte, wahrheitsgemäß informiert zu werden, mußte man die Programme westlicher Sender empfangen, lebte also auf diese Weise das Radio- und Fernsehleben des anderen Teilstaates mit. Den Preis, den man dafür zahlte, daß man tagsüber auf der Arbeitsstelle mehr oder weniger aufrichtig den staats- und parteitreuen, also einheitsfeindlichen DDR-Bürger zeigte, am Abend sich aber mit den Deutschen jenseits der Grenze am Bildschirm vereinte, war eine kaum noch bewußte schizophrenie-ähnliche Persönlichkeitsspaltung, die einem nur dann zum Problem wurde, wenn man die Kinder, die sich anfangs dagegen sträubten, auf dieses moralische Doppelgleis schob.

Aus dem Mond fiel man also nicht, als im Herbst 1989 die Wende erfolgte; es zeigte sich aber, daß das Bild, das man vom Westen gehabt hatte, zwar kein ganz falsches, aber ein ausschnitthaftes, aufs Sonntägliche reduziertes gewesen war. Die durch die Diktatur veranlaßte seelische Dauerbelastung fiel plötzlich ab, und es entstand eine gefährliche Leere, in die nun Sorgen und Ängste strömten, deren Ursache die schnelle Veränderung in allen Lebensbereichen war. Von einem Tag auf den anderen war die vertraute Umgebung zu einer fremden geworden. Wie bei einem entlassenen Gefangenen wurden Freiheit und Selbstverantwortung zu Bedrohung und Last.

Wollte man das Leben in der DDR des letzten Jahrzehnts auf einen pauschalen Begriff bringen, könnte man von Stagnation und dumpfer Zufriedenheit reden, von einer Schicksalsergebenheit, die zwar ursprünglich von Macht erzwungen, im Laufe der Zeit aber zur Gewohnheit geworden war. Der brutale Terror der Anfangsphase, der mit Hilfe sowjetischer Bajonette eine Bevölkerung zur Räson gebracht hatte, die nach Einheit, Freiheit und Teilhabe am westlichen Wirtschaftswunder verlangte, war einer sublimeren Form von Unterdrükkung gewichen, die sich nach außen zwar weiterhin durch Minenfelder und Stacheldraht schützte, im Innern aber, wenn möglich, die Vergabe von Posten und Privilegien als Machtschutz nutzte und sich im übrigen auf den allgegenwärtigen Staatssicherheitsdienst und eine willfährige Justiz verließ. Da es der überalterten, geistig erstarrten Führung mehr um die Erhaltung der Macht ging, als um die Reinheit der Lehre, konnte die ideologische Strenge in letzter Zeit etwas gemildert werden; mehr als kommunistische Gläubigkeit wurde Untertänigkeit verlangt. Wer ohne zu kritisieren oder aufzubegehren alle Demütigungen des Alltags und des politischen Lebens (z. B. bei den sogenannten Wahlen) ertragen konnte, hatte ein ruhiges, fast behagliches Leben, das zwar bescheiden und initiativlos, aber in sozialer

Hinsicht ohne Existenzängste war. Reichtümer konnte man nicht erwerben, aber man hatte, auch wenn die Arbeit fehlte, keine Arbeitslosigkeit zu erwarten. Karriere zu machen, war nur bei Parteizugehörigkeit möglich. Eigeninitiative und Risikofreudigkeit zahlten sich nirgendwo aus. Das soziale Netz war aus den Fäden der Reglementierung gewoben; von der Kinderkrippe bis ins Rentenalter war man behütet und indoktriniert. Eigne Entscheidungen brauchte man selten zu fällen, eigne Gedanken zu haben, war obsolet. Wer nicht aus der Reihe tanzte, dem hatte die oberste Planungsbehörde die Lebenswege schon vorgeschrieben und auch geebnet; es war am bequemsten und sichersten, sie befehlsgemäß auch zu gehen.

Die sozialen Sicherheiten, die nicht ohne Grund auch im Westen häufig gepriesen wurden und heute bei manchen nostalgische Gefühle erzeugen, hatten, was man nicht vergessen darf, auch ihre Kehrseiten: nämlich die frustrierende Langeweile, geistige Unmündigkeit, politische Starrheit und vor allem ökonomische Ineffizienz. Da das Geld nichts taugte und der Einzelne nichts zu bewegen vermochte, gab es wenig Anreiz, sich Mühe zu geben oder innovativ zu sein. Die schöpferischsten, kritischsten oder auch nur abenteuerlustigsten Leute wechselten deshalb, oft unter Lebensgefahr, die deutsch-deutsche Grenze und trugen so zum Weiterbestehen von Stagnation und Mittelmaß bei. Erst als Gruppen von Dissidenten die DDR nicht mehr verlassen, sondern verändern wollten, begriff die SED-Führung, die lange nur den wirtschaftsschädigenden Charakter des Flüchtlingsstroms gesehen hatte, diesen machtstabilisierenden Faktor, griff nun selbst zu dem Beruhigungsmittel der Abschiebung in den Westen und zeigte damit, daß das ärmliche Mittelmaß ihres Landes dem eignen genau entsprach.

Bei dem Versuch, ein Psychogramm der Bevölkerung der ehemaligen DDR zu geben, dürfen zwei weitere, in sich zusammenhängende Tatsachen nicht fehlen, nämlich die Folgen der ideologischen Schulung und die durch Einmauerung erzeugte Provinzialität. Beide Faktoren brachten eine Einengung der Erkenntnis und des Selbstwertgefühls mit sich, die sich meist in Minderwertigkeitskomplexen und Unsicherheit äußert, manchmal aber auch in Empfindlichkeiten, moralischem Rigorismus oder Aggressivität. Man kennt die Welt nicht, auch nicht die östliche, obwohl man gelegentlich in sie reisen durfte und die Freundschaft mit den sozialistischen Ländern von der SED-Führung immer gefordert war. Vielleicht wegen dieses Verordnungscharakters der Freundschaft, vielleicht aber auch alter Vorurteile wegen, gab und gibt es, besonders im Verhältnis zu Polen und Russen, in breiten Bevölkerungskreisen ein Desinteresse, das leicht zur Antipathie werden kann und oft wird. Nie gab es im Warschauer Pakt ein Zusammengehörigkeitsgefühl in den Bevölkerungen; die Regierungen waren verbündet, die Völker aber lebten voneinander abgeschottet, und das wirkte auch noch in den Zeiten der Umstürze fort. Die Versuche der polnischen, tschechischen und DDR-Oppositionellen, Verbindungen miteinander zu knüpfen, hatten auf die Dauer keinen Erfolg. Man blickte in der DDR über die Mauer nach Westen, aber das hieß in erster Linie nach Deutschland, wodurch zwar das Nationale gefördert wurde, aber nicht die Weltoffenheit.

Inwieweit die Denkmuster von Ideologien, die sich auf Utopien gründen, über den Zusammenbruch der in ihrem Sinne errichteten Staaten noch weiterwirken, bleibt abzuwarten. Als 1989 Tausende von jungen Leuten, die vom Kindergarten an die ideologisch ausgerichtete Schulung durchlaufen hatten, über Polen und Ungarn in die Bundesrepublik flohen, gewann man den Eindruck, daß alle Indoktrinierung spurlos an ihnen vorbeigegangen war. Dieser Eindruck täuscht sicher. Denn Utopien von gerechten Gesellschaften sterben nicht an den gescheiterten Versuchen ihrer Verwirklichung, sie können nach einiger Zeit eher wieder an Kraft gewinnen, wenn die Unbilden des Neuen einsetzen und man das schlechte Beispiel des vergeblichen Realisierungsversuchs nicht mehr vor Augen hat. Die dementsprechenden Äußerungen von Intellektuellen, die dem nur an D-Mark interessierten Wahlvolk die Schuld daran geben, daß ein idealer Sozialismus sich nach dem Sturz der SED-Herrschaft nicht doch noch verwirklichen konnte, und die wider Erwarten noch immer zahlreiche Anhängerschaft der SED-Nachfolgepartei PDS sind vielleicht dafür ein Zeichen, wenn man nicht annehmen will, daß sich hier nur Enttäuschung über die Härten der Marktwirtschaft oder eine Art trotziger Selbstbehauptung, die ja sehr ehrenwert wäre, manifestiert.

Halten werden sich sicher auch einige Denk- und Verhaltensmuster, deren Herkunft man sich wenig oder gar nicht bewußt ist, wie zum Beispiel die Vorstellung, daß man sich in der westlichen Ellbogengesellschaft in einer moralfreien, sozial nicht verantwortlichen Kulturwüste befindet, oder aber, was sich durchaus positiv auswirken könnte, ein geschärfter Blick für soziale Gerechtigkeit.

Letzteres ist freilich oft auch mit der Erwartung verbunden, daß der Staat alles in geeigneter Weise zu richten habe, das Individuum also nur in Maßen verantwortlich sei. Selbst die Künstler riefen, kaum waren sie die staatliche Unterdrückung los, nach einem Staat, der sie vor den Folgen der Marktwirtschaft schützte; und auch den Kommunen, die bisher nur Kommandos der Zentralgewalt ausführen durften, fällt verständlicherweise, weil sie sie nicht gelernt haben, die Freiheit zur eignen Entscheidung oft schwer.

Ein weiterer Punkt, der die Unsicherheit der ehemaligen DDR-Bürger fördert, ist die komplizierte Schuldproblematik, die bisher, sicher auch aus wahltaktischen Gründen, weitgehend unerörtert geblieben ist. Als der Unrechtsstaat endete, fand man an der Spitze vier bis fünf Sündenböcke; doch selbst bei ihnen bleibt die Rechtmäßigkeit einer Strafverfolgung unklar und fragwürdig, und die Schuld ihrer Handlanger, die das Unrecht zur Ausführung brachten, wird völlig mit dem Mantel des Schweigens bedeckt. Die Frage, die hier interessiert, ist aber nicht die nach der Möglichkeit oder Notwendigkeit einer Strafverfolgung, sondern die nach dem Seelenzustand der Täter, die als Parteigewaltige, Staatsanwälte, Spitzel oder Denunzianten ihre Pflichten erfüllten. Die Frage ist, ob zum Beispiel der Richter, der meinen Kollegen Erich Loest politisch abweichender Meinungen wegen zu sieben Jahren Zuchthaus verurteilte, heute Schuldgefühle empfindet oder verdrängt. Wahrscheinlich wird er sich als von falschen Idealen verführt ausgeben oder von damals geltenden Gesetzen und einer Art Befehlsnotstand reden – wahrscheinlich aber wird er danach so wenig gefragt werden, wie die vielen

Leute in Chefetagen, die nicht fachlicher Eignung wegen dort saßen (und oft noch sitzen), sondern weil es der SED nützlich erschien. Öffentlich wäre wohl von Schuld noch seltener die Rede, wenn es nicht die Aktenberge des Staatssicherheitsdienstes gäbe, der auf diese unheimliche Weise noch posthum seine Macht beweist. Diese Institution, eine ganze Armee von Tätern, wird dabei immer als ein Abstraktum behandelt; nur die Opfer, die sie zur Mittäterschaft zwingen oder verführen konnte, werden in einigen Fällen namhaft gemacht. Nimmt man hinzu, daß man den Schuldbegriff auch zu einem kollektiven erweitern könnte, indem man nämlich das Mittun und Nachplappern, das Schweigen und Abwarten von uns allen auch dazu rechnete, wird eine moralische Krise oder deren Verdrängung deutlich, die ein solides Fundament für seelische Gesundheit nicht abgeben kann.

Und diese jahrzehntelang unterdrückten und durch Unterdrückung in Schuld verstrickten, unmündig gehaltenen und eingesperrten, sozialer Kämpfe ganz ungewohnten und ihrer Durchsetzungskraft beraubten, altmodischeren und ärmeren Deutschen, die erst in letzter Minute durch ihre friedliche und doch erfolgreiche Empörung ein wenig Stolz und eine eigne Identität gewannen, treffen nun im vereinten Deutschland mit ihren modernen und weltoffenen, weltgewandten und diskutierfreudigen Landsleuten zusammen, die durch ihre funktionierende demokratische Ordnung und vor allem ihre erfolgreiche Wirtschaft ein Selbstbewußtsein gewonnen haben, das in jedem Fall einschüchtern würde, durch die Tatsache aber, daß sie die härtere Währung, die effektivere Wirtschaft und die freiere Staatsform samt Grundgesetz, Hymne und Adler gleich mitgebracht haben, wie Arroganz und Besserwisserei wirken muß. Selbst jene von ihnen, die Siegerposen absurd oder lächerlich finden, die immer wieder betonen, daß nicht Verdienst, sondern Zufall sie auf die richtige Seite geführt haben, die also vom guten Willen geleitet werden, sich ihre Überlegenheit nicht anmerken zu lassen, kommen doch aus der Rolle des reichen Onkels, des Präzeptors oder Patrons nicht heraus. Denn sie sind ja tatsächlich die besseren Wisser, sie wissen Bescheid in den Praktiken einer Ordnung, die sie aufgebaut haben und in vierzig Jahren erproben konnten; das für die östlichen Deutschen unbekannte Terrain, in das diese ohne Ortswechsel versetzt wurden, ist ihnen vertraut.

Das DDR-Klischee eines Westbürgers trägt einen Anzug mit Schlips und Kragen, redet laut und sehr ungezwungen, findet, wenn er sich im östlichen Deutschland umsieht, alles nur grau und von vorgestern, oder er nennt, was nicht besser ist, die Farblosigkeit und Zurückgebliebenheit wunderbar ursprünglich, und spricht, wenn er nicht von Italien- und Spanienreisen erzählt, von Leistung und Geld. Ob er Ratschläge gibt, wie man aus dem Elend herauskommen könnte, ob er ausruft: Kinder, seid doch nicht so bescheiden, ihr habt doch auch selbst etwas vorzuweisen!, immer kehrt er für seinen Gesprächspartner, ob er will oder nicht, den Überlegenen heraus.

Zu diesen schon länger existierenden Vorstellungs-Schablonen hinzugekommen ist im letzten Jahr das Schreckgespenst des West-Eigentümers, der in Begleitung seines Anwalts, in der Hand den Zollstock, sein enteignetes oder ererbtes Grundstück besichtigt, auf dem sich ein DDR-Bürger, nach den damals geltenden Gesetzen durchaus rechtmäßig, mit eignen Händen ein Haus gebaut und es Jahrzehnte mit seiner Familie bewohnt hat, und der nun erfährt, daß ihm seine Heimstatt samt Garten gar nicht gehört. Den Seelenzustand eines solchen Mannes illustriert eine kleine Provinzzeitungsmeldung, nach der ein Bewohner einer märkischen Kleinstadt, der am eignen Hause Feuer gelegt hatte, in letzter Minute aus den Flammen gerettet wurde. Der letzte Satz dieser Notiz lautete: Einen Tag vorher hatte der Brandstifter den früheren Eigentümer empfangen, der jetzt in Hannover wohnt.

Die Situation einer solchen, durch die Einheit in Angst versetzten Familie ist nicht nur für die vielen komplizierten, kaum lösbaren Eigentumsfragen bezeichnend, sondern darüber hinaus für andere Opfer, die Freiheit und Einheit von manchen fordern; denn viele, denen die Freiheit der Meinung und des Reisens vielleicht wenig bedeutet, verlieren mehr als die billigen Mieten und die Fahne mit Hammer und Zirkel im Ährenkranz. Da sind in den überalterten, die Umwelt vergiftenden, nicht konkurrenzfähigen Betrieben die Arbeiter und Angestellten, die arbeitslos werden oder sich umschulen müssen, die Bauern mit Absatzsorgen, die Soldaten und Staatssicherheitsleute, die – Gottseidank, sagen wir, aber nicht sie – ihren Beruf nicht mehr ausüben können, während die vielen in der DDR üblichen Subventionen gestrichen werden und die Lebenshaltungskosten im Steigen begriffen sind. Ein Heer von großen und kleinen Staats- und Parteifunktionären hat neben Einkommens- auch Machtverlust zu beklagen; die evangelische Kirche, die als Hüter der Opposition unter der Diktatur schwere und aufregende Zeiten, dafür aber viel Zulauf hatte, ist wieder in den Seelsorgealltag mit leeren Kirchen zurückgefallen; und Künstler, Schriftsteller und die Frauen und Männer der Bürgerbewegungen leiden an Bedeutungsverlust.

Die Lage der Literaten war trotz Papiermangels und Zensur in der DDR immer günstig; denn die Bücher waren billig; die Konkurrenz der Periodica und der Trivialliteratur fehlte weitgehend, und die Bedeutung, die ihnen zuerkannt wurde, hatte mit ihrem künstlerischen Rang nicht unbedingt etwas zu tun. Die systemkonformen Parteiliteraten wurden vom Staat gefördert, und die oppositionellen Geister erregten bei den Rezensenten im Westen und bei der nach Kritik begierigen DDR-Leserschaft immer Aufmerksamkeit. Denn so beschränkt ihre Aussagemöglichkeiten auch waren, sie übertrafen doch die der Massenmedien bei weitem und konnten so eine kritische Nachdenklichkeit fördern, die sicher dem Umsturz von 1989, nicht aber ihnen zugute kam. Denn ihre Bedeutung als oppositionelle Institution war mit dem Ende der diktatorischen Herrschaft und der Zulassung kritischer Journale beendet. Ihre Entthronung hat schon begonnen, teils durch die Leser, die jetzt andere Interessen haben, teils durch die Feuilletons, die einst die Throne errichtet hatten und jetzt eine notwendige Selbstkorrektur vollziehen. Daß es dabei nicht immer gerecht zugeht, ist hier nicht das Thema. Die Literaten dienten mir in diesem Zusammenhang nur als ein Beispiel für die verschiedenen Möglichkeiten, unzufrieden in die Einheit zu gehen. Ähnlich ergeht es den Bürgerbewegungen, die die Umwälzung in Gang gebracht hatten und nun, von den großen Parteien ins Abseits gedrängt, sich als Splittergruppen am linken Rand des politischen

Spektrums wiederfinden, was sie, nach ihren Triumphen des letzten Jahres, natürlich frustrieren muß.

Ein Unzufriedenheitspotential ist aber auch in den alten Bundesländern, also im Westen, vorhanden, und zwar nicht nur, weil man die Kosten scheut, die der Aufbau der durch den Sozialismus heruntergewirtschafteten neuen Länder erfordert, sondern auch weil man eine Veränderung des Gewohnten befürchtet, das auch den ewigen Kritikern plötzlich liebenswert scheint. Schon ist an Stammtischen und in Feuilletons vom Ende der alten Bundesrepublik die Rede, von möglicher Überfremdung durch die armen Verwandten im Osten, die schlecht und aggressiv Auto fahren, ihrem Staatsgefängnis Tränen nachweinen, in pastoraler Weise moralische Reden halten und Ansprüche stellen, anstatt dankbar zu sein. Ob ausgesprochen oder nicht, wird die Diskussion um die künftige Hauptstadt von dieser Frage beschattet; denn zweifellos würde ein Deutschland, das nicht vom Rhein, sondern von der Spree aus regiert wird, ein anderes Aussehen bekommen. Zu Gunsten des Protestantismus wird sich das annähernde Gleichgewicht der Konfessionen durch die neuen Bundesländer verschieben. Im Bundestag werden mit der PDS künftig auch Kommunisten sitzen. Die fleißigen Schwaben werden ihren Ruhm als unermüdliche Häuslebauer vielleicht mit den Sachsen bald teilen müssen; denn vierzigjährige Erfahrung mit Mangelwirtschaft hat doch vielleicht auch ausdauernd und findig gemacht.

Wie also befinden sich heute die Deutschen, die vor zwei Jahren noch glaubten, vorläufig nicht oder nie mehr zusammen kommen zu können, die vor einem Jahr den Fall der Mauer bejubelten und vor vier Wochen sich wieder zusammenschlossen? Sie sind, glaube ich, froh, es erreicht zu haben, und doch nicht zufrieden mit sich und noch weniger miteinander – wie das in Familien so geht. Ist man getrennt, ist die Liebe innig und unproblematisch, sieht man sich wieder nach Jahren, ist die Freude groß und emphatisch, doch mit dem Zusammenleben beginnen die Schwierigkeiten; denn Einheit ist noch nicht Einigkeit. Man muß sich erst aneinander gewöhnen, und der Hinzukommende muß die Vorteile und Tücken des für ihn neuen Hauses erst kennenlernen. Vernunft und Verständnis werden von beiden gefordert. Mit letzterem hapert es noch ein wenig. Vernunft aber hat der 3. Oktober bewiesen. Da hätte wieder, wie mancher von uns und mancher ausländische Nachbar befürchtet hatte, von Wahnsinn die Rede sein können, aber nicht wie am 9. November, wo mit diesem Begriff die Sprachlosigkeit vor dem Glück der plötzlichen Freiwerdung hatte ausgedrückt werden sollen, sondern von Wahnsinn im nationalistisch-rauschhaften Sinn. Aber von dieser Art angstmachendem Wahnsinn hatte die Vereinigungsfeier vor dem Reichstag nichts aufzuweisen. Auch die Zeit davor zeigte wenig von einem Überschwang nationaler Gefühle. Viel mehr war sie erfüllt vom Streit der Parteien, vom Feilschen, Rechnen und Kalkulieren. Das schmerzte ein wenig und wirkte weder erhaben noch würdig, aber es beruhigte sehr.

Jubelschreie, Trauergesänge

Bemerkungen zum Literatenstreit

Die Diskussion über die Verantwortung der DDR-Intellektuellen, die unfairer- und unzweckmäßigerweise mit Polemiken gegen Christa Wolf begann, erweist sich, je mehr sie zum Grundsätzlichen vordringt, als eine Notwendigkeit. Soll die deutsche Einheit, die in der wirtschaftlichen Sphäre so düster begann, in der intellektuellen besser gelingen, muß die vergangene deutsche Trennung kritisch analysiert werden, damit die Vergangenheitsbewältigung nicht wieder einer nächsten Generation überlassen bleibt. Nicht Harmonie ist das Ziel, sondern Klarheit. Ehrlichkeit ist gefragt, nicht Profilierungssucht oder Selbstschutz. Nur so könnte sich die Diskussion einer Wahrheit nähern, die Schuld und Irrtum erkennbar macht.

Man sollte beim Thema bleiben: dem moralischen und politischen Verhalten von Literaten also, sollte, so unmöglich das scheint, die literarische Qualität möglichst beiseite lassen, als sei die Behauptung, die man bezweifeln darf, zutreffend: Die besten Bücher werden nicht von den besten Menschen gemacht. Den jungen Kritikern sollte geraten werden, das ihnen zukommende Bestreben, die literarischen Götter von gestern zu stürzen, auf einem gesonderten Feld zu betreiben, damit ihnen nicht der Zorn auf die möglichen früheren Fehlurteile den Blick trübt. Daß ausgerechnet Christa Wolf als böses Beispiel herhalten mußte, entbehrt jeder Gerechtigkeit und jeder Logik und ist nur als Folge ihres großen Erfolgs zu begreifen, der zum Denkmalssturz reizt. Überhaupt ist es immer von Übel, einen Einzelfall zum Modell zu erheben, weil das zu undifferenzierter Pauschalisierung führt. Literatur ist Sache von Individuen, und je ausgeprägter die sind, desto weniger lassen sie sich auf einen gemeinsamen Nenner bringen, am wenigsten auf den eines Staates, dessen kulturellen Einfluß man damit überschätzt. Der Genauigkeit dienlich wäre es auch, historische Vergleiche, selbst wenn sie sich aufdrängen, beiseite zu lassen, besonders die mit dem moralischen Tiefpunkt deutscher Geschichte, der damit unbeabsichtigt verharmlost wird. So unsinnig es ist, das Streben nach Einheit großdeutsch zu nennen oder von Anschluß zu reden, so schief werden auch alle Vergleiche mit der tatsächlichen und der sogenannten inneren Emigration jener schrecklichen Zeit. Klaus Höpcke ist kein Goebbels gewesen, Bedrohung und Feigheit bei den im Lande Gebliebenen standen damals in einem anderen Verhältnis zueinander, und unvergleichbar ist auch das jeweilige Elend der Emigration. Das peinlichste und zugleich komischste historische Gleichnis gestattete sich kürzlich ein Autor in der ostberliner Akademie der Künste, als er unter dem Beifall eines großen Teils der Akademiemitglieder den Einigungsprozeß unserer Tage mit dem Peloponnesischen Krieg gleichsetzte, das Vordringen des Kapitalismus ins östliche Deutschland zum Sieg der Spartaner machte und (was die Anwesenden, die sich in der gleichen Sitzung gegen die Forderung auf kritische Rückbesinnung und Neukonstituierung der Akademie erfolgreich gewehrt hatten, gern hörten) das Ende des DDR-Kulturlebens mit dem der Kulturblüte Athens verglich. Nicht nur vierzigjährige Übung in Selbstbeweihräucherung gibt sich hier zu erkennen, sondern auch das Bedürfnis, die eigene Zeit aufzuwerten, das häufig historischem Vergleichen zugrunde liegt. Man bemüht Hitler und Perikles, um die Gegenwart größer, heroischer oder böser zu machen. Dabei wäre es besser, man ließe, um der Genauigkeit willen, die Kirche im Dorf.

Auch der Begriff Revolution ist historisch beladen. Benutzt man ihn für die Ereignisse vom Herbst 1989, liegt der Verdacht der Heroisierung nahe, zumindest aber der der Einseitigkeit. Denn der Aufruhr der Straße (nach Feierabend) war nur Glied einer längeren Ursachenkette, die sich durch Stichworte wie Gorbatschow, Massenausreise, Ungarn und Polen grob andeuten läßt. Vielleicht sogar waren die Aktionen der Menge nicht Ursache, sondern schon Folge. Da das System bereits ökonomisch und politisch bankrott war, ließ es sie zu.

Der Bankrott der Ideologie war schon Jahre zuvor eingetreten und hatte sich in der offiziellen Tautologie vom »real existierenden Sozialismus« manifestiert. Mit diesem Begriff wurde der kommunistische Traum begraben, der alle Anstrengungen, Leiden und Unterdrükkungsmaßnahmen gerechtfertigt hatte; das Bestehende wurde heilig gesprochen, die Sackgasse, die zur klassenlosen Gesellschaft hatte führen sollen, als Ziel ausgegeben und damit die Anhänger der reinen Lehre, die das Erreichte an der Utopie maßen und natürlich zu klein befanden, mundtot zu machen versucht. In der Kunst hatte die Preisgabe der alten Doktrinen, die direkt zur Entstehung der kommunistischen Ordnung hatten beitragen sollen, einerseits eine Öffnung von Freiräumen zur Folge, andererseits aber wurden alle Zensurmaßnahmen, denen nun jede höhere Sinngebung fehlte, als reiner Machtschutz entlarvt. Für die Zensur galt alle kritische Literatur als gefährlich, auch und gerade jene, die höhere sozialistische Ansprüche stellte – und die Kritik im westlichen Deutschland machte es ihr, wenn auch in den meisten Fällen mit größerem Kunstverständnis, im umgekehrten Sinne getreulich nach. Gut war für sie an der DDR-Literatur vor allem das Oppositionelle, aus welcher Art politischem Denken das kam, wurde als zweitrangig betrachtet oder ganz übersehen. Wer heute entdeckt und vorwurfsvoll anmerkt, daß Christa Wolfs Denken und das anderer Autoren sozialistische Prägungen aufweist, gibt damit zu, sie vorher nicht richtig gelesen zu haben, oder aber in ihnen, nachdem ihre oppositionelle Rolle gegenstandslos wurde, nur noch politische Gegner zu sehen.

Wenn man bedenkt, daß sich ein ähnlicher Vorgang, nämlich der des Bewußtwerdens unterschiedlicher politischer Antriebe, nach dem Herbst 1989 (zum Beispiel durch Zustimmung und Ablehnung des Aufrufs »Für unser Land«) auch zwischen den Autoren der DDR abspielte, erkennt man, daß es sich dabei um eine Spätfolge der Zensur handelt, die teilweise auch grenzüberschreitend wirksam war. Das Unheil, das die Zensur anrichtete, darf nicht allein nach der Zahl der verbotenen und ungeschriebenen Bücher berechnet werden; auch die literarische Klimavergiftung, die Differenzierungen verwischte und Urteile verdrehte, gehörte dazu. Da meist die Zensur es war, die im literarischen Leben der DDR Sensation machte, wurden im Westen der Markt und die Medien von ihr beeinflußt, und der Blick der Kritik wurde oft von politischem Kalkül oder von Rücksichtnahme getrübt. Gute und schlechte Bücher, die die Zensoren verboten, wurden gleichermaßen mit dem Heiligenschein des Märtyrertums umgeben und damit für Kritik unangreifbar gemacht. Denn wer ein schlechtes verbotenes Buch auch schlecht nannte, machte sich damit zum Komplizen des Zensors, und wer ein gutes verbotenes Buch lobte, wurde verdächtigt, es nur des Verbots wegen zu tun. Fehlurteile waren in solcher Situation also unvermeidlich. Wer heute die Staatszensur nachträglich verharmlost, indem er sie mit den Zwängen des Marktes gleichsetzt, hat anscheinend diese Nebenwirkungen vergessen – ganz abgesehen davon, daß er, was schlimmer ist, die von der Zensur aus dem Lande getriebenen Autoren ins Unrecht setzt.

Obwohl die Spielräume der Literatur mal größer, mal kleiner waren, die Überwachungsmethoden unauffälliger und perfekter wurden und der Staat die kritischen Autoren manchmal als Vorzeigeobjekte für sein tolerantes Verhalten mißbrauchte, veränderte sich die Macht der Zensur nie. Alles zum Druck Bestimmte mußte ihre Instanzen passieren, und nicht nur parteigläubige oder gewissenlose Tagesschriftsteller beugten sich ihr. Auch ernstzunehmende, eigenständig denkende Literaten ließen sich in die Texte hineinreden, fanden sich mit Streichungen ab oder griffen von vornherein nur nach Themen, deren Veröffentlichung ihnen möglich erschien. Existenzangst, Erfolgssucht, Bequemlichkeit oder Feigheit spielten dabei sicher auch eine Rolle, oft aber war auch ein Verantwortungsbewußtsein entscheidend, das Kompromisse in Kauf nahm, um in der Öffentlichkeit wirken zu können. Um *einen* Gedanken, der wichtig schien, unter die Leute bringen zu können, gab man den anderen preis. Das war eine Selbstbeschneidung, von der man nie wissen konnte, ob sie in Wahrheit nicht nur der Bemäntelung eigner Konfliktscheu diente, und die auf die Dauer dem Schreiber und dem Geschriebenen nicht gut bekam. Daß dieses würdelose Kalkulieren, Feilschen oder Zukreuzekriechen nicht in viel stärkerem Maße, als es tatsächlich geschah, charakterzerstörend wirkte, ist auf das kräftige Echo der Leser zurückzuführen, das, gewissermaßen als Lohn für die Unterwerfung, auf jedes kritische Wort hin die Autoren erreichte und ihnen das Gefühl geben mußte, Sprecher der vielen zum Schweigen Verurteilten zu sein.

Daß sie das, wenn auch in Maßen nur, waren, ist zu vermuten. Da ihre Freiheiten, so begrenzt sie auch waren, die der Medien weitaus übertrafen, konnten sie mit Kritik Aufsehen erregen, Skepsis gegen verordnetes Denken befördern und so zu den Ereignissen von 1989 eine meinungsbildende Vorarbeit leisten oder zumindest doch zeigen, daß Kritik möglich war. An diesem Einfluß der Literatur auf die öffentliche Meinung waren alle kritischen Autoren beteiligt, also auch jene, die die deutsche Einheit nicht wollten, später den Aufruf zur Erhaltung der DDR verfaßten, die März-Wahlen eine Katastrophe nannten, und die den Eindruck bekommen mußten, ihre Leser hätten sie nie verstanden oder sie übten an ihnen Verrat. Das war ebenso falsch, wie die Behauptung von Westdeutschen: die nach der Wende vom Volk enttäuschten DDR-Autoren seien auch vorher gänzlich ohne Einfluß auf die Volksempörung gewesen. Denn beide verkannten, daß unter Zensurbedingungen jedes kritische Wort gegen die Unterdrücker als das eines Verbündeten gilt.

Solange das SED-Regime herrschte, waren sich seine Kritiker in der Ablehnung einig; erst danach begann die Differenzierung zwischen denen, die die DDR erhalten und das sozialistische Experiment fortsetzen wollten, und jenen, denen die deutsche Einheit als parlamentarische Demokratie erstrebenswert war. Das erstaunliche Phänomen, daß bei vielen DDR-Schriftstellern die Jubelschreie über das Ende der Unfreiheit schnell abgelöst wurden von Trauergesängen, mußte im Westen den Eindruck erwecken, daß hier Privilegien betrauert wurden und die Befreiung von der Zensur wenig galt. Für manche von ihnen mag das stimmen, für andere fließen viele Beweggründe in dieser Trauer zusammen, Existenzsorgen und Angst vor dem Ungewohnten ganz obenan. Beschämung über intellektuelles Versagen, das man nicht eingestehen mag, spielt eine Rolle; einige Wenige mögen auch Machtverluste beklagen; die Konkurrenz einer freien Presse beraubt die Autoren einiger bisher ausgeübter Funktionen; und es wirken auch ideologische Muster weiter, die die Marktwirtschaft mit Unmoral gleichsetzen und in ihr nur Kulturwüste sehen. DDR-Nostalgiker kreieren eine kulturelle Dolchstoßlegende, machen die Zensur zu Familiärem, die Befreiung von ihr zum Fremden und rufen wieder, der Freiheiten ungewohnt, nach einem schützenden Staat. Diejenigen aber, die ihren Widerstand gegen die alten Machthaber im Zeichen sozialistischer Ideale leisteten, sich von der ersten Phase der Herbstereignisse den Beginn eines alternativen Deutschland erhofften, dann aber ihrer Anhänger durch die Wahlen beraubt wurden, sind natürlich von einer Entwicklung, die ihren Vorstellungen von einer gerechten Gesellschaft so wenig entspricht, enttäuscht.

Das Gespräch zwischen Ost und West, das mit einem Mißklang begann, muß fortgesetzt werden, damit die abgerissene Mauer nicht in den Köpfen noch fortbesteht. Es wird schwierig werden, weil unterschiedliche Lebenserfahrungen und Denkgewohnheiten das Verständnis erschweren und es neigt dazu, heftig und unfair zu werden, weil beide Seiten die Angst vor Überfremdung beherrscht. Die einen, die Überlegenen, die das Glück hatten, in Freizügigkeit und Weltoffenheit aufzuwachsen, verlangen mit Recht von den anderen, den einerseits Leidgeprüften, Enttäuschten, Gegängelten, andererseits aber auch Kritikungewohnten, Machtbeflissenen, Gehätschelten, eine Analyse ihrer Irrtümer, Versäumnisse oder Schuldverstrickungen; doch die fordernden, manchmal verletzenden Töne, die Einfühlung in Unterdrückungsverhältnisse vermissen lassen, provozieren statt Selbstauseinandersetzung Gegenvorwürfe, die oft die alte ideologische Schulung verraten und unausgesprochen im Gegenüber die Vorstellung erzeugen sollen: er sei, weil er sich, statt einer Utopie anzuhängen, mit einer zugegebenermaßen von Fehlern nicht freien Staatsform begnüge, ein schlechterer Mensch. Während die einen darauf insistieren, ihre in vier Jahrzehnten gewachsene Identität zu bewahren, fragen die anderen, ob das nicht nachträgliche Identifizierung mit dem Unrechtsstaat ist.

Eine Verständigung scheint also beiden Seiten kaum möglich. Aber nicht nur darin sind die Kontrahenten sich ähnlich. Beide nämlich neigen dazu, Pauschalurteile übereinander zu fällen, als hätten die zwei deutschen Staaten zwei ganz nach ihrem Bilde geformte Geisteskollektive geschaffen, während die offensichtlichen Tatsachen doch zeigen, daß die Geistes- und Meinungsgrenzen anders verlaufen als die Mauer einst lief. Beide vermutlich müssen noch lernen, eine Meinung, die man nicht teilen kann, gelten zu lassen. So kann man zum Beispiel, wie der hier Schreibende, unfähig sein zu begreifen, daß das Ende eines verhaßten Staates, der einen bedrückte, würdelos machte, zu feigem Schweigen verdammte, eine dem Heimatverlust vergleichbare Trauer erzeugen könne, und trotzdem glauben, daß dieser Schmerz, sollte er echt sein, einen Dichter zu etwas Bleibendem anstiften kann.

Zur Literatur

Über den Schriftsteller als Entdecker

Um die Binsenweisheit, daß Literatur auch immer Entdeckung sei, auf unterhaltsame Weise verständlich zu machen, möchte ich zwei Anekdoten erzählen, eine erlebte und eine gelesene. Die erlebte geht so: Vor einigen Jahren wurde der Autor B. am letzten Vormittag eines Moskau-Besuchs unvorhergesehen zu einer schon am Nachmittag beginnenden Reise in eine ferne Unions-Republik eingeladen. Man feierte dort den 200. Geburtstag eines klassischen Dichters, und B. sollte auf diesem Fest die deutschsprachige Literatur repräsentieren. Mehr als den Namen des fernen Klassikers kannten die Moskauer nicht, versprachen aber, den Dolmetscher, der B. begleiten sollte, mit den nötigen Materialien auszurüsten, die wie sich im Flugzeug erwies, aus dem aus einer Wochenschrift geschnittenen Bild des Gefeierten samt erklärendem Kurztext bestanden. Diese Bildunterschrift, die außer Floskeln wie: Vater der Nationalliteratur und Stolz des Vaterlands, nur *eine* Sachmitteilung enthielt, befähigte B. dann dazu, nicht nur ein Radio-Interview und mehrere Trinksprüche zu überstehen, sondern auch eine Ansprache auf dem Staatsakt zu halten. Die Sachmitteilung aber, die er redend ausbauen konnte und die ihn zu Gedanken anregte, die zu den hier mitzuteilenden gehören, war die: Der Zweihundertjährige habe als erster in jener Nationalliteratur, hieß es dort, die Liebe nicht nur abstrakt wie seine Vorläufer besungen, sondern konkret.

Die zweite Geschichte stammt aus der lesenswerten Autobiographie des Gründers der ersten Berliner Gewerbeschule, Karl Friedrich Klöden, und hat mit Literatur nichts zu tun, wohl aber mit der Entdecker-Frage. Klöden verdiente sich als junger Mann um 1810 seinen kärglichen Lebensunterhalt durch das Stechen von Landkarten. Als der Krieg zwischen Frankreich und Rußland zu erwarten war, bekam er von der Schroppschen Landkartenhandlung in der Potsdamer Straße den Auftrag, Karten von Rußland zu stechen. In seiner ärmlichen Wohnung am Spittelmarkt stellte Klöden also mit Hilfe alter Karten und unter Verwendung von Reiseberichten und -dokumenten die für damalige Zeiten genauesten Karten von Rußland her, mit denen Schropp dann gute Geschäfte mit Napoleon machte (– ohne den Stecher daran zu beteiligen natürlich). Klöden hatte aber später eine Freude anderer Art. Nach der Niederlage Napoleons wurde er nämlich von einem Offizier der nun mit Preußen verbündeten russischen Armee folgendermaßen gelobt: Er, der russische Offizier und Gutsbesitzer, habe durch Klödens Karte erst erfahren, welche Ausdehnung und Gestalt die Sümpfe haben, aus denen ein Teil seiner Besitzungen besteht.

Soweit die Anekdoten, die die Entdecker-Problematik von zwei Seiten beleuchten: vom Autor und vom Leser her. Der Autor wird bedeutsam, weil er die konkrete Liebe für die Literatur entdeckt. Die Literatur wird für den Leser bedeutsam, weil sie ihm zu Entdeckungen verhilft.

Entdecken heißt also nicht: erfinden. Es heißt enthüllen, aufdecken, die Decke wegziehen von einem Stück Wirklichkeit, vorher Verborgenes sichtbar machen, Unbeachtetem Beachtung schenken. So wie Amerika auch schon *vor* seiner Entdeckung existierte, für das Bewußtsein der Europäer aber erst *danach*, so setzt auch Entdekkung durch Literatur Existenz des Entdeckten voraus, hebt es aber in eine andere Realität: die des Bewußtseins. Eine Neugeburt geschieht, wenn man so sagen darf, im Geiste. Was nur für sich da war, wird auch für andere da. Denn Entdeckung von Wirklichkeit für die Literatur ist Entdeckung für den Leser. Was auch mit konkreter Liebe gemeint sein mag: ausgeübt haben werden die Leute in jener Republik sie auch schon vor ihrer dichterischen Entdeckung, und doch wird sie an Realität gewonnen haben durch die Dichtung. Gesehen hat der Gutsbesitzer seine Sümpfe sicher von Kindheit an, aber Gestalt gewonnen haben sie für ihn erst durch die Kunst des Kartenstechers, durch Gestaltung eben, durch das künstlerische Bild, durch Verdichtung und Formung.

Die Geschichte der Literatur ist, so gesehen, auch eine Geschichte der Wirklichkeits-Entdeckungen – eine Geschichte, die nie enden wird, weil erstens Realität nie aufhört, sich zu ändern, und, zweitens, die Art und Weise, in der Menschen Realität erfahren, stets eine andere wird. Die weißen Flecken auf der Landkarte des Bewußtseins bilden sich dadurch immer wieder neu. Genialität wird weiterhin dazu erforderlich sein, sie auch nur zu erkennen, Mut, sie, dem neuesten Stand entsprechend, auszufüllen. Denn die Blindheit, die es der Kunst zur Pflicht macht, Realität zu enthüllen, behagt manchmal den Blinden selbst, immer aber denen, die von der Blindheit der anderen profitieren. Weiß auch der Papst, daß Galilei recht hat, kann er doch nicht wollen, daß dessen Wort Wahrheit wird.

»Wer je mir spräche: Er ist tot! / Der müßte sterben zur Stund!« sagt Gorm Grimme in Fontanes Ballade und zeigt damit eine Angst vor der Wortwerdung, die fast irrational ist: als würde der Tod des geliebten Sohnes erst Realität durch die Nachricht von ihm; als sei nicht der Mörder schuldig, sondern der, der den Tod benennt. So wurden oft Schriftsteller schuldig gesprochen für Realitäten, die sie nicht schufen, sondern nur erkannten und nachgestalteten. Der Literatur Realität verbieten aber hieße: Literatur verbieten. Denn Literatur lebt von entdeckter Wirklichkeit. Ohne sie stirbt sie. Sie ist mehr als sie, aber nichts ohne sie.

Natürlich wirkt in Literatur aufgenommene Realität über das Bewußtsein der Leser wieder auf Realität zurück. Zwar stimmt es, wie Jean Paul bemerkt, daß der reale Werther sich erschoß, ohne eine Zeile von »Werthers Leiden« gelesen zu haben, aber »Werthers Leiden« kreierte auch eine Mode, in deren Folge mancher durch Selbsttötung starb.

Es geht dabei auch um die Entdeckung neuer Lebensbereiche, aber nicht darum allein. Literatur ist keine soziologische Hilfswissenschaft, auch wenn sie als solche benutzt werden kann. Lessing schuf für Deutschland das erste bürgerliche Trauerspiel, Jean Paul brachte das Kleinbürgertum in die Literatur, der Naturalismus das Proletariat. Das ist das eine, das einem gleich einfällt, wenn von Entdeckung die Rede ist, aber es gibt auch das andere: die Entdeckungen im Innern des Menschen. Jahrhundertelang wurden Marienbilder gemalt. Daß das immer gleiche Sujet nicht nur Epigonentum hervorbringt, sondern auch immer wieder große Kunst, ist nicht aus der Verfeinerung der Mittel zu erklären, sondern dadurch, daß hier immer wieder neu neue Realität entdeckt wird, sowohl äußere durch Kleidung, Architektur, Landschaft der Zeit, als auch innere: neues Lebensgefühl. Ähnlich ist es mit dem Versepos des Mittelalters. Trotz seiner kaum variablen Personage und dem festgelegten Bereich von Adel und Geistlichkeit schreitet es von Entdeckung zu Entdeckung fort, indem es wechselnde Anschauungen und Gefühle ausdrückt: die feudalen, in denen selbst der christliche Himmel in der hierarchischen Struktur des Irdischen erscheint, und die bürgerlichen, die das Individuum aus den Fesseln des Standestypischen lösen, sich auf Schönheit und Würde des Menschen besinnen und einen Glücksanspruch des Einzelnen formulieren, der nicht festgefügter staatlicher Ordnung und kirchlichem Dogma folgt. Und Cervantes entdeckt den komischen Widerspruch zwischen überlebter Ideologie und lebendigem Sein. Und Shakespeare und Goethe und Dostojewski, Joyce, Kafka? Man braucht die Namen nur zu nennen, um zu wissen, was da gemeint ist. Nicht Klassen werden da entdeckt oder die Arbeitswelt der Taxifahrer, sondern etwas weniger Greifbares und doch nicht weniger Reales: ein Zeitgeist, eine Zeitstimmung, ein Epochenproblem, eine Weltsicht, eine Lebensangst, Aufbruchspathos oder Übergangsmelancholie, ein Trieb, eine Sehnsucht nach Besserem. Nicht nur ins Weite geht die Fahrt der Entdecker, sie geht in die Tiefe auch.

Wenn hier Namen genannt werden, muß man sich natürlich deren Umfeld hinzudenken: die Vorläufer und die Nachfahren. Bevor Columbus die neue Welt entdekken konnte, mußten Schiffe gebaut, Seewege vermessen werden, Scharen von Forschern mußten ihm folgen, ehe eine Karte des neuen Kontinents gestochen werden konnte. In der Literatur wurde das Ensemble-Leistung genannt – ein Begriff, der gut ist, um unsinnige Totalitätsansprüche an das einzelne Werk zurückzuweisen, der aber nicht dazu dienen darf, die Verantwortung des einzelnen Autors zu verkleinern oder zu delegieren. An Tradition ist jeder gebunden, ob er sich auf sie beruft oder nicht, aber die ist nicht mehr als das Schiff, das er besteigt. Die Richtung, in die er segelt, bestimmt jeder allein. Der Autor allein bestimmt, was er sieht oder übersieht, was er sagt und was er verschweigt. Er allein trägt auch das Risiko des Unternehmens.

Die Gefahr des Scheiterns ist groß. Der Autor kann, eignen Sinnen nicht trauend, so tun, als sähe er nur, was er sehen soll. Er kann entdecken, was längst schon entdeckt ist. Er kann, erschreckt vor der Entdeckung, vor ihr die Augen verschließen. Er kann Nebel für Land halten, also sich irren. Langweilige, verlogene, die Wirklichkeit entstellende Literatur entsteht so. Wenn dem Autor aber Entdeckung gelingt, muß nicht nur Beifall sein Lohn sein, sondern auch Kritik, Widerspruch, Schmähung, vielleicht auch Bedrohung. König Gorm von Dänemark ist die Illusion einer heilen Welt lieber als die Wahrheit. Nicht dem Feind, sondern dem, der ihm sagt: Die Schlacht ist verloren, dein Sohn tot! droht er den Tod an.

Nicht nur, weil Realität sich ständig verändert, finden die Entdeckungsreisen der Literatur nie ein Ende, sondern auch weil durch die Gewohnheit schematischen Sehens Realität oft verblaßt. Zum Entdecker kann oft einer schon werden, dem es gelingt, sich über selbstverständlich Gewordenes wieder zu wundern. Eine neue Welt kann entstehen durch eine neue Sicht auf die alte, wenn z. B. nicht mehr der Graf, sondern sein Diener, nicht mehr der Planer, sondern der vom Plan Betroffene sie beschreibt, wenn einer, der eingeübte Denkformen aufgegeben hat, Wirklichkeit so neuartig organisieren kann, daß sie nur durch neue Vorstellungsmuster zu erfassen ist. Normen werden zerbrochen, damit Realität wieder sichtbar wird. Wie normverhaftetes Sehen unrealistisch wird, zeigt Trivialliteratur deutlich. Ihr Schema vom reinlich getrennten Gut und Böse, in dessen Kampf das Gute mit Sicherheit siegt, opfert unangenehme Realität zugunsten angenehmer Illusion. Eine Gesellschaft, die auf Beharrung angelegt ist, wird Illusionen über sich fördern und Realitätserkenntnis zu verhindern suchen. (Was ihr auf Dauer aber nie gelingt). Eine Gesellschaft aber, die sich als veränderbar begreift, wird tendenziell daran interessiert sein, daß die Entdekkungsfahrt der Literatur nie endet, auch wenn an Beharrung interessierte Elemente in ihr vielleicht sie zu verlangsamen oder zu stoppen versuchen – was verständlich ist, da eine neue Sicht auf die Dinge tatsächlich Erkenntnisverwirrungen auslösen kann, so daß mancher, dessen Vorstellungsmuster zum Erfassen der neuen Realität nicht mehr taugen, wie Hebbels Meister Anton ausruft, er verstehe die Welt nicht mehr, und Druckverbote verlangt. Die Erfahrung zeigt, daß literarische Erkundung von Wert oft mit Angriffen dieser Art rechnen muß, daß sie sich letztendlich aber doch durchsetzt und Anerkennung erringt. In der Literatur allein zu sein mit seiner Erkenntnis, bedeutet beileibe nicht: im Unrecht zu sein.

Das soll aber nicht heißen, daß Isoliertheit immer ein Zeichen von Güte ist. Die Geschichte, mit der ich schließen will, zeigt es. Sie handelt von einem zweitrangigen Autor, der später zu einem drittrangigen wurde, weil er nicht begriff, daß Literatur von redlicher Absicht, von Erfindung und Ideologie allein nicht leben kann; daß sie Entdeckung von Wirklichkeit braucht.

Friedrich Baron de la Motte Fouqué, der traurige Held dieser Geschichte, ist im gleichen Jahr wie Kleist geboren, ist wie Kleist preußischer Adliger, hat aber sonst wenig mit ihm gemeinsam, weil ihm dessen Ecken und Kanten, Höhen und Tiefen fehlen. Fouqué ist flach, wie das Havelländische Luch, in dem er fast sein ganzes Leben verbrachte, ohne es (bezeichnend für ihn!) auch nur einmal zum Gegenstand seiner unzählig vielen Gedichte, Schauspiele, Erzählungen und Romane zu machen. Er ist ein rechtschaffener Mann, ehrlich und tapfer, seinen Kollegen ein hilfreicher Freund. Sein politischer Ehrgeiz ist es, immer loyal zu sein. Von der Kinderzeit bis zum Greisenalter steht er fest und treu zu Thron und Altar. Sein von vielen (auch z. B. von Heine) geschätztes Talent ist die poetische Fabulierlust und -kunst. Seine Phantasie kann soviel Schönheit hervorbringen, daß er auf die Häßlichkeit der Umwelt verzichten zu können glaubt. Seine Dichtungen spielen immer in Gegenden, die er sich ausdenkt und dann Spanien, Italien, Frankreich, Island, Norwegen oder Nürnberg nennt, selten in Landschaften, die er gesehen hat. Dazu erfindet er sich eine Ritterwelt, die sich zeitlich von den alten Germanen bis in seine Gegenwart hin erstreckt, eine Idealwelt, die von Edelmut, Tapferkeit und Frömmigkeit bewegt wird, eine Welt voll von Abenteuern – die Langeweile erzeugt. Immer wenn ihm unwillentlich Selbsterlebtes in seine Werke gerät, werden sie interessanter. Aber das weiß er nicht. Daß er in der Literaturgeschichte eine Rolle spielt, hat er einer einzigen Entdekkung zu verdanken, keiner soziologischen, einer atmosphärischen eher, den Zeitgeist betreffend. Er entdeckt, mit seinen Ritterromanen und Nibelungen-Dramen, vor den Befreiungskriegen 1813 den militanten Patriotismus, der aktuell und im Volk lebendig ist. Nicht mit dem Stoff, aber mit der Stimmung ist er seiner Zeit ganz nah. Ein die Geschichte bewegendes Element wird zum Wort. Aber der Zeitgeist ändert sich nach dem Sieg über Napoleon rasch. Als Fouqué 1843 stirbt, regieren zwar noch immer die Hohenzollern, aber das ökonomische, politische und geistige Leben des Landes ist völlig verändert, nur Fouqué nicht. Er hält treu und redlich an den Idealen fest, die ihn einmal kurzzeitig berühmt gemacht hatten. Da er für seine Werke Realität nicht braucht, nimmt er diese kaum wahr. Er erfindet weiter seine edlen Ritter und frommen Damen – ein Don Quichote in märkischem Sumpf und Sand. Nicht nur die Freunde wenden sich von ihm ab, auch die Leser und mit ihnen die Verleger. Vieles von dem Vielen, das er noch schreibt, bleibt ungedruckt. Bekannt und beliebt ist er nur noch am Hofe, wo man mit ihm feudaler Vergangenheit nachtrauert. Statt zum Verleger gehen seine Manuskripte schließlich nur noch dorthin. Denn *einen* Leser hat er noch: den König von Preußen, den »Romantiker auf dem Thron«, der ein Land regiert, das er nicht mehr versteht. »Warnendes Beispiel« könnte diese Geschichte überschrieben sein.

Sermon über die Vergänglichkeit

Nur wenige der für die Nachwelt bestimmten Werke erreichen die Adressatin auch, und da die meisten Autoren das wissen, geben sie vor, nur für die Zeitgenossen schreiben zu wollen, doch geht die Trauer um dieses Wissen unmerklich in ihre Hervorbringungen mit ein. Manch Dichterzorn und manch Endzeitgedanke hat sicher auch damit und nicht nur mit dem schlimmen Zustand der Welt zu tun; und wenn ein Apoll die Autoren zwischen dem Platz auf der Bestsellerliste und dem auf dem Parnaß wählen ließe, würde die Mehrzahl sich wohl für die Unsterblichkeit entscheiden – allen voran natürlich die Bestsellerautoren, weil denen, die das eine schon haben, das andere besonders fehlt. (Der nicht von Tatsachen, sondern vom Sinn für Gerechtigkeit diktierte Glaube, Erfolg zu Lebzeiten und Nachruhm schlössen einander aus, ist ein Irrglaube; man denke an Goethe und Karl May.)

Die Buchmesse, die mir Anlaß für diese Betrachtung über die Vergänglichkeit ist, löst, trotz ihrer Beliebt- und Belebtheit, Freude bei den Beteiligten nur selten aus. Man geht gern hin, aber um zu klagen. Die Fülle des Angebotenen legt die Neugier lahm, man fühlt sich verwirrt und überfordert; statt Bewunderungsrufe hört man besorgte Fragen: Wer kauft das alles, wer liest das alles? Was bleibt?

Was bleibt von dem literarischen Ruhm unserer Tage

in einigen Jahren, in einem Menschenalter, in einem Jahrhundert im Gedächtnis zurück? Mathematische Lösungsmethoden taugen natürlich hier nicht. Die Rechnung: je mehr Bücher geschrieben werden, desto größer müßte der Anteil des Bleibenden sein, wäre eine Milchmädchenrechnung, die auf dem Trugschluß basierte, es gäbe einen festgelegten Prozentsatz für das, was das Sieb der Zeiten passiert. Ein Vergleich des Jahrzehnts der deutschen Literatur um 1800 mit dem um 1900 macht den Fehler evident. Während sich der Bücherausstoß im Verlauf der 100 Jahre um ein Mehrfaches vergrößert hatte, ging der Anteil des seine Zeit überdauernden (trotz des »Stechlin«, trotz der »Buddenbrooks«) beträchtlich zurück.

Hilfe bei den Mutmaßungen über die Zukunft (sollte es für uns und die Literatur eine geben) kann nur die Erfahrung mit Vergangenheit bieten; denn die Gegenwart ist in diesem Punkt zwangsläufig blind. Vor Prophezeiungen wird man sich also hüten; Beispiele von Irrtümern gibt es genug. Börne, als er das Unbekanntsein Jean Pauls bedauerte, sah diesen am Eingang des 20. Jahrhunderts stehen, wo ihn das langsame Lesevolk endlich erreichte, und Heine, als er die Herrschaft der Kommunisten voraussah, meinte, diese würden aus seinen Werken nur Tüten drehen.

Mit Vergangenheitserfahrung (die sich an Bibliothekskatalogen, Verlagsprogrammen und Literaturgeschichten ablesen läßt) ist natürlich die der Gesamtheit der lebenden und toten Literaturkonsumenten gemeint; aber als Beispiel kann auch die Erfahrung des Einzelnen dienen, die sich, am konstruierten Modell zumindest, im Inhalt seiner Bücherregale manifestiert. Nehmen wir also an, ein Mensch, der sein Leben mit Büchern verbracht hat, habe nur solche, die ihm gehörten, gelesen, sich diese auch aufgehoben und ungelesene nicht im Regal. Wenn dieser Bücherfreund nun am Ende seines Lesebens in *der* Weise Bilanz zöge, daß er jedes dieser Bücher zur Hand nähme und sich an seine Lektüre zu erinnern versuchte, müßte er, wenn er Neigung zum Systematisieren hätte, zu einer Dreiteilung seines Bestandes kommen, die als erste und weitaus stärkste Rubrik die der total vergessenen Titel enthielte, der die mit der noch immer beträchtlichen Reihe von Werken folgte, an die er sich, ohne den Drang zum Wiederlesen zu spüren, im guten oder auch schlechten Sinne erinnern könnte, so daß für die dritte Rubrik nur das Minimum übrig bliebe, das er sich, wenn er auf ein ruhiges Einzelzimmer im Himmel hoffte, mit ins Grab legen ließe – (denn in der Hölle, mit Dauerbeschallung, wird ferngesehen).

In dieser Grobform zeigt das Modell nur, was jeder schon weiß: die Masse des Geschriebenen von heute ist morgen vergessen; die Erinnerung an eine Auslese, die in jedem Jahrzehnt weiter ausgedünnt wird, hält die Literaturgeschichte mühsam am Leben, aber wirklich lebendig, das heißt immer wieder gelesen, bleibt nur ein winziger Rest. Setzen wir nun aber, um den Versuch zu verfeinern, außer der Lesebilanz in Grabesnähe noch eine in der Mitte des Lebens an, könnte man die Beobachtung machen, daß Bücher, die für ein bestimmtes Lebensalter von Wichtigkeit waren, im nächsten verachtet oder vergessen werden, im übernächsten dann aber wieder von neuer, oft erhöhter Bedeutung sind. Dieses Scheintod-Phänomen, das man, ins Große übertragen, auch bei Moden und Schönheitsempfindungen kennt, macht die Geschichte der Literaturbeurteilung wellenreich. Was die Väter rühmen und die Söhne, aus Notwehr, um Raum für eignes Wachstum zu haben, verachten, entdecken die Enkel, die an diesem Konflikt nicht mehr beteiligt sind, neu. Mit Goethe geschah das wie mit Fontane, und gegenwärtig geschieht es, so scheint mir, mit Thomas Mann. Der Geist einer Zeit, den ein Stück Literatur, ursprünglich ein Teil von ihm, zum Ausdruck bringt, wird in ihm objektiviert, also festgelegt, und da der Zeitgeist stets in Bewegung ist, muß er sich von dieser Fesselung lösen; er stößt das Werk also ab, um später eventuell, wenn es einer der folgenden Epochen Nutzen bringt, wieder aufzunehmen – was aber nur dann geschieht, wenn das Werk mehr war, als nur Ausdruck der Zeit. Garantiert ist also der gute Ausgang der Sache nicht. Paul Heyse wurde auch von den Urenkeln nicht wiederentdeckt und Fouqué einzig (was ja nicht zu verachten ist) von Arno Schmidt.

Die Aussicht auf das, was man früher Unsterblichkeit nannte, ist folglich schlecht. Wer nur Verlautbarer des Zeitgeistes ist, läuft Gefahr, mit ihm zu vergehen, wer ihm aber entgegensteht und unbekannt bleibt, wird selten nur, wie es Kafka geschah, posthum noch entdeckt. Wird aber der literarische (man ist versucht zu sagen: natürliche) Ausleseprozeß durch Heiligsprechung aus lokal-, partei- oder staatspolitischen Gründen außer Kraft gesetzt, so lebt der Betroffene nicht in seinen literarischen Werken, sondern als Schul-, Straßen- oder gar Schiffsname fort. Außerdem gibt es auch noch den Nachruhm in Schullesebüchern, der aber nur bis zur nächsten Lehrplanreform reicht.

Schopenhauers Wunsch, es sollten überhaupt »nur wenige, aber vortreffliche Bücher existieren«, wäre vielleicht eine Lösung des Problems, der zwar kein Verleger und Buchhändler, aber jeder Autor zustimmen könnte, vorausgesetzt, sein Werk würde auch unter die vortrefflichen gezählt.

Unparteiische Gedanken über die Zensur

Vorbemerkung

Als in jedem Fall undurchführbar kann der in der Überschrift versprochene Versuch, beim Nachdenken über Zensur Neutralität zu wahren, nicht bezeichnet werden, obwohl zugegeben werden muß, daß die Gefahr des Scheiterns besteht. Denn als mögliches Opfer des Gegenstands seines Nachdenkens ist der Schreiber zwangsläufig einer Partei zugehörig, und sich aus deren Denkfesseln zu lösen, ist schwer. Wenn der Versuch dennoch gewagt wird, so deshalb, weil er sich auch auszahlt, wenn er mißlingt. Allen Figuren, auch den unsympathischsten, gerecht zu werden, ist eine Kardinaltugend des Romanschreibers, und auch der Essayist ist gut beraten, wenn er, statt seiner Abneigung blindlings zu folgen, auf Chancengleichheit hält. Er wird also den Bösewicht nicht gleich mit finsterer Miene auftreten lassen, sondern anfangs verschweigen, was er von ihm denkt. Die Gliederung wird er so gestalten, daß dem handelnden Teil (der Zensur und dem Zensor) der gleiche Platz eingeräumt wird wie dem leidenden (dem Zensierten und dem Leser), und einem fünften Abschnitt, der Bilanz zieht, wird er, seiner Neigung entgegen, die Überschrift geben: Zum Ruhm der Zensur.

Mit Definitionen des Begriffs, über die die Fachliteratur streitet, soll der Leser nicht gelangweilt werden. Es genügt zu sagen: hier ist von Bücherzensur die Rede, vor allem von der der Schönen Literatur.

1. *Die Zensur*

Schuld daran, daß es Zensur gibt, sind selbstverständlich die Literaten; produzierten die nicht, hätte kein Zensor etwas zu tun. Sie liefern die Ursachen, stellen die Fragen, und die Zensur, als Folgeerscheinung, antwortet ihnen – immer politisch, auch wenn geistliche Herren reden oder die Antwort sich moralisch oder ästhetisch verbrämt. Denn Zensur handelt im Namen von Macht und Ordnung. Sie ist als Wächter gesetzt über bestehende Normen, seien die nun von oben verordnet oder historisch tradiert. Ihr Büro ist der Ort, an dem Macht und Kunst aufeinandertreffen und wo erstere ihre Pyrrhus-Siege erringt. Da Zensur bewahrend wirkt, im Sinne eines Ordnungsgefüges, ihre Urteilskriterien sich nicht an künstlerischen Qualitäten, sondern an Nützlichkeitserwägungen messen und sie stets der Macht, nie der Literatur Rechenschaft schuldet, hat sie ein so gutes Gewissen, wie der Kalif Omar eins hatte, dessen Prinzipientreue über Kulturwerte erhaben war. Als der im Jahre 641 Alexandria eroberte und damit in den Besitz der größten und kostbarsten Bibliothek der Antike gelangte, soll er, so will es die Sage, über die dort lagernden Bücher geäußert haben: Widersprächen sie dem Koran, seien sie schädlich, sagten sie aber dasselbe wie er, überflüssig; folglich sei besser, sie würden verbrannt.

Wie die Literatur selbst, hat auch das Literaturverbot ein ehrwürdiges Alter. Die Antike kannte es ebenso wie das Mittelalter, aber erst die Neuzeit, in der Bücher gedruckt und damit in größerem Maße verbreitet werden konnten, erfand die Zensurinstitution. Im 16. Jahrhundert, als Folge der Reformation, entstanden die Verzeichnisse der verbotenen Bücher, unter denen der vatikanische Index Librorum Prohibitorum der bekannteste war. Da auch die Gegenseite, die Protestanten, die reine Lehre durch Bücherverbote zu erhalten strebten, wurden hier wie dort Geistliche die ersten Zensoren, deren sich anfangs auch die Staaten bedienten, die dann aber die weltlichen Zensurbehörden schufen, die bis in neueste Zeiten hinein als selbstverständliche Bestandteile der Staatsapparate fungierten, mit wechselndem Eifer und wechselnder Zielrichtung natürlich und mehr oder weniger durch Gesetze legitimiert. Auch in den als tolerant geltenden Staaten des aufgeklärten 18. Jahrhunderts wurde die Zensur nirgendwo abgeschafft, höchstens gemildert, und das 19. und 20. Jahrhundert entwickelte manchenorts das Bücherverbotswesen zu einer Hochblüte, die, wie die technische, mörderisch war. Auch in den sich als liberal verstehenden Staaten, deren Verfassungen Zensur verbieten, lebt sie strukturell (weil die Verlage z. B. Eigentümer mit eignen Maßstäben haben) und punktuell (z. B. bei jugendgefährdenden und terroristischen Schriften) weiter, so daß die Schlußfolgerung erlaubt ist: eine Macht ohne Zensur gibt es so wenig wie eine Zensur ohne Macht. Die Annulierung des vatikanischen Index in diesem Jahrhundert (1966) war keine Folge von Toleranz, sondern eine der Erkenntnis, daß eine Zensur, der die Mittel zu ihrer Durchsetzung fehlen, ein Unding ist.

Da nicht nur die tatsächliche, sondern auch die eingebildete Machtgefährdung die Neigung zu Bücherverboten fördert, also neben historischen Gegebenheiten auch psychische Befindlichkeiten der Machthaber wirksam werden, trifft die sich anbietende Faustregel: je instabiler die Macht, desto schärfer die Überwachung, zwar in den meisten Fällen, nicht aber in jedem Fall zu. Vielmehr können Unsicherheit, Überbewertung des Gedruckten oder unberechtigte Angst Reaktionen erzeugen, die unvorhersehbar, irrational und (auch im Sinne der Machthaber) sinnlos sind.

Ein Ende der Bücherzensur wird es erst geben, wenn Bücher keine Rolle mehr spielen, weil andere Medien an ihre Stelle getreten sind. Auf diese wird sich dann die Zensur konzentrieren, und zwar desto stärker, je populärer sie sind. Wie es scheint, ist das ein Vorgang, den wir noch erleben werden: das Bücherlesen wird freier, weil es elitärer, also seltener wird.

2. *Der Zensor*

Von den Opfern, die die Zensur fordert, ist häufig die Rede, selten aber von denen, die die Zensoren dem Vaterland bringen, ohne daß ihnen gedankt würde dafür. Während sie durch Verbote den Ruhm manchen Schriftstellers fördern, bleibt ihr Name (da sie nur streichen, nicht schreiben) der Mit- und Nachwelt in der Regel verborgen, und da sie oft auch die Aufhebung ihrer Verbote erleben müssen, leiden sie möglicherweise an der Sinnlosigkeit ihres Tuns. Von welcher Seite aus man ihr Amt auch betrachtet, ein Dilemma reiht sich ans andere, weil sie Aufgaben erfüllen sollen, die nicht zu erfüllen sind.

Erste Bürgerpflicht für die Macht ist Ruhe, für die Literatur dagegen Bewegung; der Zensor, als Beauftragter der Macht, soll also etwas zur Ruhe zwingen, in deren Natur es liegt, unruhig zu sein und Unruhe zu verbreiten; er würde es umbringen, wäre er konsequent. Das aber liefe seinen Aufgaben als Ordnungshüter zuwider; er muß also berechnende Inkonsequenz üben – und damit seinen Auftraggebern Anlaß zum Mißtrauen geben, oder vielmehr ihr Mißtrauen vermehren; denn sein mehr oder weniger großes Literaturverständnis, das ihn zu diesem Posten befähigt, macht ihn in den Augen seiner Herren auch verdächtig: hat sich doch auch bis zu ihnen herumgesprochen, daß es intime Kenntnis der Literatur ohne Liebe zu ihr nicht gibt.

Die Schwierigkeit, Zensorenposten richtig zu besetzen, besteht darin, daß absolute Sicherheit nur die prinzipienfesten Ignoranten bieten, die für die Stellung aber ungeeignet sind, weil sie die Winkelzüge und die feinen Spitzen der Literaten nicht auszuspähen vermögen, daß aber andererseits die Literaturkenner, die auch verborgenste Bosheiten zwischen den Zeilen herauslesen können, einen Risikofaktor darstellen, weil sie auch Literaturliebhaber sind. Diese aber sind durch Qualitäten bestechlich; und da literarische Qualität immer auch etwas mit Normabweichung zu tun hat, scheint es theoretisch unmöglich, den idealen Zensor zu finden; in der Praxis aber ist er nicht selten, da es auch unglückliche Liebhaber gibt.

Gemeint sind jene, die früher einmal zur Literaturszene gehörten, denen es aber nicht gelang, in ihr Fuß zu fassen oder den von ihnen erträumten Erfolg zu erringen, und die nun, sicher oft unbewußt, Rachegefühle hegen, die sie zensierend ausleben können, sicher besoldet und machtgeschützt. Der verdienstvolle Zensurforscher H. H. Houben hat im 2. Band seiner »Verbotenen Literatur« (1928) einen Modellfall dafür beschrieben, einen Klassiker unter den Zensoren aus klassischer Zeit.

Karl Ernst John wurde 1788 im thüringischen Arnstadt geboren, als Sohn eines Pastors, wie manch andere Geistesgröße der Zeit. In Gotha ging er mit Arthur Schopenhauer zusammen zur Schule; in Jena, wo er Jura studierte, lernte er neben Friedrich Rückert auch Goethes Sohn August kennen, durch den er nach Weimar kam. Hier, im Hause am Frauenplan, dem literarischen Zentrum Deutschlands, begann er 1812 als Sekretär Goethes seine Karriere, setzte diese aber schon ein Jahr später aufs Spiel. Wegen Trunksucht und Disziplinlosigkeit wurde er 1813 entlassen, war aber wenig später schon in preußischen Diensten, wo er sich durch Skrupellosigkeit und Denunzianteneifer empfahl.

1815 waren Teile von Sachsen an Preußen gefallen, was vielen der dortigen Einwohner nicht gefiel. John, der in Merseburg bei der Sicherheitspolizei Dienst tat, hatte die Aufgabe, nach aufrührerischen Schriften zu fahnden und die ehemals sächsischen Beamten zu überwachen, deren Treue dem neuen Regime gegenüber zweifelhaft war. Um seinen Vorgesetzten, wie er später aussagte, »als Schriftsteller und Denker vorteilhaft bekannt zu werden«, verfaßte er selbst ein Pamphlet, das die neue Regierung schmähte, ließ es in tausend Exemplaren drucken, verschickte es anonym an ehemals sächsische Beamte und hoffte, so die heimlichen Gegner aufspüren zu können; denn jeder, der die staatsfeindliche Schrift für sich behielt, statt sie pflichtgemäß abzuliefern, wurde als verdächtig notiert. Zwar kam die Sache heraus und mußte, weil außerhalb der Legalität liegend, geahndet werden, aber Johns Rechnung ging trotzdem auf: Seinen patriotischen Eifer und seine Regimetreue hatte er damit glänzend bewiesen, und die Strafversetzung, zu der er verurteilt wurde, führte ihn prompt nach Berlin.

Das war 1816, und die neuorganisierte Regierung, die bestrebt war, alle Funken liberalen Denkens der Befreiungskriege auszutreten, brauchte Leute wie ihn. Als Zeitungszensor fürs Lokale konnte der Regierungssekretär John, der schon früh begriffen hatte, daß Zensoren nur für das Erlauben, aber nie für das Verbieten zur Rechenschaft gezogen werden, seine Gewissenhaftigkeit im Aufspüren von Unerwünschtem beweisen, so daß er bald für würdig befunden wurde, den politischen Teil der Presse zu kontrollieren; aber das dauerte nicht lange, denn der günstige Wind der Demagogenverfolgung trieb ihn bald noch weiter hinauf. Nach einem Zwischenspiel als Chefredakteur der »Allgemeinen Preußischen Staatszeitung« wurde er auf eignen Wunsch 1831 in das Oberzensurkollegium berufen, wo ihm nun endlich auch die Aufsicht über die belletristische Literatur unterstand. »Er verbindet mit den bewährten Gesinnungen eines dem Könige und dem Staate gleich treu ergebenen Dieners«, hieß es in der Beurteilung des berüchtigten Polizeiministers Schuckmann, der schon die Verfolgung E. T. A. Hoffmanns auf dem Gewissen hatte, »eine ebenso ausgezeichnete als vielseitige wissenschaftliche Bildung, sowie nicht minder ein auf Erfahrung und eignes Sittlichkeitsgefühl gegründetes gesundes Urteil, das ihn bei einer in der Tat fast peinlichen Vorsicht auch in den schwierigsten Fällen jedenfalls vor Mißgriffen bewahrt.«

Der zum Geheimen Hofrat beförderte, mit Orden ausgezeichnete und ein hohes Gehalt beziehende John konnte nun die Literatur, speziell die von Heine, Gutzkow, Wienbarg, Laube und Mundt, nach Herzenslust kontrollieren und schikanieren, und er tat das so ausgiebig, daß Varnhagen in sein Tagebuch notierte: »Wenn er nicht von Tollheit befallen ist und aus Verrücktheit handelt, so ist er ein infamer Schuft.«

Bis 1842, als nach dem Regierungsantritt Friedrich Wilhelms IV. die Zensur teilweise gelockert wurde, blieb er der Schrecken der Literaten; dann wurde er langsam aus dem Verkehr gezogen und 1848, als die Zensur aufgehoben wurde, mit geringem Gehalt pensioniert. Wie sinnlos sein Eifer gewesen war, hat der alte Mann vielleicht noch begriffen. Er starb 1856, im gleichen Jahr also wie Heinrich Heine, war aber, im Gegensatz zu diesem, bereits vergessen, und auch der Staat, dem er so treu gedient hatte, der aber mit ihm keinen machen konnte, wußte ihm keinen Dank.

Man könnte versucht sein, mit den armen Zensoren Mitleid zu haben, gäbe es die unangenehmen Nebenwirkungen ihrer Tätigkeit nicht. Gemeint sind damit nicht nur die direkten Zensurfolgen (wie die Verarmung der Autoren und der Literatur), sondern auch die indirekten und unbeabsichtigten, die das literarische Klima vergiften und die Urteile verdrehen. Denn obwohl Zensoren, ihrem Berufsethos oder ihrer Unbildung gehorchend, jenseits von Qualität und Miserabilität agieren, pflegen sie verbotene Bücher, die gut sind, als schlecht zu bezeichnen und damit den schlechten, die sie verbieten, gleichzustellen. Beide aber werden, von ihnen ungewollt, der Kritik entzogen. Denn wer ein schlechtes verbotenes Buch schlecht nennt, macht sich zum Komplizen des Zensors, und wer ein gutes verbotenes Buch gut findet, gerät in Verdacht, es nur des Verbots wegen zu tun.

3. Der Zensierte

Auch Bücher miserabler Autoren werden also verboten, und manche von ihnen, so muß man den Zensoren zu Ehren sagen, haben es auch verdient. Falsch wäre aber die Annahme, das ungleiche Verhältnis, in dem sich auf dem Buchmarkt die wenigen guten zu den vielen schlechten Büchern befinden, wiederholte sich in der Bilanz der Zensur. Das ist nicht der Fall, weil die gewichtigen Werke es schwerer haben, die Waage der Zensur zu passieren; die Leichtgewichte sind nämlich normgerechter und passen sich dem Geist der Zensoren mehr an. Da außerdem die Autoren bedeutsamerer Werke häufiger ein ausgeprägtes Selbst- und Sendungsbewußtsein haben und daher Änderungswünschen gegenüber mehr Widerstandskraft (oder auch Halsstarrigkeit) zeigen, werden sie schnell als unsichere Kantonisten bekannt. Man wird ihre Produkte also genauer kontrollieren als die in Massen auftretende leichte Ware, deren Verfasser die Zensur oft gar nicht mehr brauchen, weil sie ihr eigener Zensor sind. Mit dem einen Gesäßteil auf dem Schreibsessel, mit dem anderen auf dem Zensorenstuhl sitzend, befinden sie sich (nach Jean Paul) in keiner angenehmen Lage; doch verglichen mit ihren Kollegen, die ihre Unbelehrbarkeit mit Streichungen, Druckverboten, Gefängnisaufenthalten oder Vertreibungen bezahlen, sitzen sie recht bequem.

Aber nicht nur der Bequemlichkeit wegen oder der Not gehorchend zieht man es vor, der Kontrolle von oben durch die von innen zuvorzukommen: man erliegt der Versuchung sich anzupassen oft unbewußt. Denn Selbstzensur in einer ihrer vielfältigen Formen übt jeder, der sich schreibend (oder auch redend oder bücherverlegend) äußert, indem er auf sich, auf seine Geliebten oder Genossen, auf politische Urteile oder Vorurteile, auf die Aufnahmefähigkeit seiner Leser oder auf die Marktlage Rücksicht nimmt. Jeder ist also so geübt im Auswählen und Verschweigen, daß sich verordnete Schweigegebote in der guten Gesellschaft der vielen selbstauferlegten befinden und sich von ihnen nach einiger Zeit nicht mehr unterscheiden: Unerlaubtes und Unschickliches unterliegen dem gleichen Tabu. Eine Hochform der Selbstzensur aber liegt vor, wenn die Ideen, die Anstoß erregen könnten, die Bewußtseinsschwelle des Autors nicht mehr erreichen, seine Werke folglich die Zensur ohne Schwierigkeiten passieren und er annehmen kann, er werde gar nicht zensiert.

Diesen Zustand des Einzelnen zu einem allgemeinen zu machen, in dem sich Zensur erübrigen könnte, ist sicher das unausgesprochene Ziel der Regierenden, das aber bisher nirgends erreicht werden konnte – zum Glück für die Literatur. Denn diese würde bedeutungslos werden, nicht etwa deshalb, weil ihr die Knute fehlte, sondern weil sie durch Selbstbeschränkung nur noch der Illumination des Bestehenden diente, unter Aufgabe ihrer Aufklärungs- und Entdeckerfunktion.

Die Leiden der Literaten werden also vermutlich so bald noch kein Ende finden. Auch in Zukunft noch wird man Tragisches und Komisches von den Schicksalen der

Autoren und den Dummheiten der Zensoren berichten können – aber nie wird man einen Beweis für die nichttotzukriegende Sage finden, daß Zensur einen günstigen Einfluß auf die Schreibweisen hätte, vor allem auf die ironischer und anderer subtiler Form. Und wenn man diesen Beweis gegen alle Erwartung doch zu finden glaubte, müßte man ihn aus moralischen Gründen unterschlagen, um der Sinnlosigkeit nicht auf diese Weise Sinn unterzuschieben. Zensur *darf* nicht stilbildend sein.

4. Der Leser

Da alle bekannten Zensurgeschichten sich zwischen Zensoren und Schriftstellern abspielen, wird leicht vergessen, daß es sich dabei um Stellvertreterkämpfe handelt und es eigentlich um Buchherstellung und Leser geht. Würden Gedichte, Romane und Dramen nur zur eignen Erbauung der Schreibenden geschrieben und bestünde keine Gefahr, daß sie die Schreibstube jemals verlassen könnten, kümmerte sich kein Zensor um sie. Es geht nicht ums Schreiben, es geht ums Verbreiten, nicht um die Literatur, sondern um deren Wirkung; man fürchtet ein durchs Lesen beeinflußtes Wissen, Urteilen oder Empfinden, das dem gewünschten oder gesteuerten nicht entspricht. Bezeichnet man, sich der Sprachregelung der Machthaber beugend, das Unerlaubte, Unerwünschte oder Normabweichende kurz als das Böse, so ist der Zensor der Schutzengel des Lesers, der ihn vor böser Lektüre und damit vor dem Böse-Werden bewahrt.

Wer solche literaturpädagogischen Engel, mit Rotstiften als Flammenschwertern, bestallt und besoldet, geht davon aus, daß sich sein Reich intellektuell und moralisch in zwei Reiche spaltet, deren Grenzlinie horizontal verläuft. Oben, bei den glücklichen Wenigen, zu denen als letzte auch noch die Grenzwächter, die Zensoren gehören, ist man wissend und sittlich gefestigt und folglich nicht anfällig gegen das literarische Böse, das unten, bei den Vielen, Unheil anrichten kann. Nur durch diese Vorstellung einer zweigeteilten Gesellschaft läßt sich die Fahrlässigkeit erklären, mit der man den einen Teil lesen läßt, was er will. Müßte man sonst doch vermuten, daß die Zensoren, die mehr böse Bücher lesen als andere Leute, am ehesten und stärksten von ihnen infiziert werden würden, und man müßte dafür sorgen, daß die strengste Zensur den Mächtigsten auferlegt würde, weil die doch durch die Lektüre eines einzigen bösen Buches mehr Unheil anrichten könnten, als ein viellesender Pförtner oder Bibliothekar.

Verständlich ist, daß es in früheren Zeiten, als die Zensoren von den Verlegern bezahlt werden mußten, dem Staat schwerfiel, verständlich zu machen, daß es sich dabei um geistige Fürsorge und Dienstleistung handelte; aber auch heute, da die Zensoren vom Staat bezahlt werden, gelingt das nicht recht. Zwar ist es bisher nur in der Phantasie von Autoren wegen Zensurmaßnahmen zu Bürgerunruhen gekommen, aber Verärgerungen gibt es deswegen immer, auch wenn nicht viel laut wird davon. Man fühlt sich, mit Recht, durch die Literaturselektierung nicht beschützt, sondern entmündigt, glaubt in den verbotenen Büchern die besten Wahrheiten finden zu können und benutzt Schleichwege, um in ihren Besitz zu kommen – was natürlich in den Augen des Staates nur Unreife beweist. Reif dagegen erschiene ihm einer, der die Beschneidung seiner Lesebedürfnisse nicht nur hinnimmt, sondern bejubelt und den überhaupt nur das was erlaubt ist, zu lesen freut.

5. *Zum Ruhm der Zensur*

Den Lesern ist die Zensur immer lästig, den Literaten oft auch existenzbedrohend gewesen, und doch haftet ihr in der Rückschau ein Hauch von Lächerlichkeit an. Das hängt nicht nur mit der Kurzlebigkeit der meisten Verbote zusammen, sondern auch damit, daß die Literatur die Zensur stets überdauert, auch wenn sie in ihrer Gegenwart unterliegt. Soziale Bewegungen zu verhindern oder auch nur aufzuschieben, ist der Zensur nie gelungen, und bleibende Einwirkung auf die Entwicklung der Literatur hat sie auch nicht gehabt. Über längere Zeiträume gesehen ist sie als politisches Instrument also ohne Wirkung geblieben, und das ist das Beste, das man zu ihrem Ruhm sagen kann. Darüber hinaus aber hat sie noch das Verdienst, das öffentliche Ansehen der Literatur im allgemeinen zu stärken und auf einzelne Bücher aufmerksam zu machen, auch wenn das ihren Absichten eigentlich widerspricht.

In der Gewißheit, daß Bücher soziale Wirkungen hervorrufen können, sind sich die Zensoren aller Zeiten und Denkrichtungen einig; schließlich beziehen sie daraus die Rechtfertigung ihrer Existenz. Wenn sie auch den Beweis dafür immer schuldig bleiben müssen, weil sie ja die für gefährlich gehaltenen Bücher zu einer Wirkung nicht kommen lassen, können sie doch aus Gründen der Selbsterhaltung von dieser Behauptung nicht lassen – und kommen damit den Autoren entgegen, die nur zu gern an die Überzeugungskraft ihrer Bücher glaubten, und die doch ständiger Zweifel plagt. Die sie quälende Frage, ob Bücher den Geist einer Zeit hervorbringen oder vielleicht doch nur rekapitulieren, scheint in dem Aufwand, der zur Abwehr unerwünschter Werke betrieben wird, eine Antwort zu finden; denn unerwünscht kann doch nur sein, was auch wirkt. Zwar versuchen sie, wenn die Gefahr eines Verbots besteht, die Harmlosigkeit ihrer Hervorbringungen nachzuweisen, aber der Vorwurf, daß diese störend oder gefährlich seien, macht sie auch stolz. Die Beachtung durch die Zensur kann dem bisher unbeachteten Autor ein Gefühl von Wichtigkeit geben, dem kleinmütigen das Selbstwertgefühl stärken und dem schon anerkannten Auslöser zu Widerborstigkeit sein. Während die schwachen Begabungen sich beugen und scheitern, werden die echten Talente am Widerstand wachsen, und wenn sie das Risiko einer Konfrontation eingehen, wird ihnen die Zensur mit Werbemaßnahmen behilflich sein. Denn so wirksam wie ein Verbot ist keine andere Reklame; interessant gemacht werden kann damit auch das langweiligste Buch.

Beispiele für diese unerwünschte Rückwirkung eines Verbots hat die Buchgeschichte viele geliefert, auch solche, bei denen Verleger aus Gründen der Werbung nach Konfiszierung verlangten. Immer wieder hat die Zensur versucht, ein Mittel dagegen zu finden. Aber das gibt es (will man nicht mit ihrer Selbstabschaffung rechnen) wohl nicht.

Zum Beispiel Kossenblatt

Über den Wanderer Fontane

Aus einem Brief von Theodor an Emilie Fontane:

Steinhöfel bei Fürstenwalde, 3. Mai 1862
(Abends 9 Uhr)

Meine liebe Frau.
Nur ein paar Worte. Es geht mir sehr gut; zwei Tage bin ich erst fort, und doch hab ich schon so viel gehört und gesehn, daß mir zumute ist, als hätt ich Euch vor 8 Tagen verlassen. Kossenblatt, wiewohl eher schaurig als schön, war doch ganz famos und gibt ein vortreffliches Kapitel; was mir aber vorzugsweise den Eindruck gibt, als hätte ich schon wer weiß wieviel erlebt, das ist der Umstand, daß ich diesmal auf so viele vielsprechende Leute gestoßen bin. Um den Berolinismus zu gebrauchen: »Man hat mir den Kopf verkeilt.« Amtmann Buchholtz in Kossenblatt, Pastor Stappenbeck ebendaselbst, dessen Frau und Schwägerin, heute nun ein gewisser Beeskower Krösus namens Ribbeck (auf der Fahrt von Beeskow bis Fürstenwalde – der Kerl erzählte drei volle Stunden, ohne auszuspucken) und nun endlich der Kammerdiener des Herrn v. Massow namens Lavas haben mir so viel erzählt, Kluges und Dummes, Interessantes und Langweiliges, daß mir der Kopf schwirrt. Ich schleppe an einem ganzen Sack voll Münzen und werde erst zu Hause die Goldpfennige von dem ganz gemeinen Dreier scheiden können.

... Morgen abend möchte ich sehr gern bis Buckow kommen. Die Itzenplitzschen Güter werde ich jetzt nicht besuchen, sondern später.

Grüße alles, küsse die Kinder und sei gegrüßt und geküßt von

Deinem alten Krepel
Theodor

1.

Am Morgen des 2. Mai 1862 ist Fontane von Beeskow nach Kossenblatt unterwegs. Drei Jahre zuvor hat er seine »Wanderungen durch die Mark Brandenburg« begonnen. Der erste Band des großen Werks ist schon erschienen. Der Aufsatz, dem die Ortsbesichtigung, die er jetzt vorhat, dient, ist für den zweiten Band, der Ende des Jahres erscheinen soll, bestimmt. 43 Jahre ist Fontane alt. Beim Erscheinen des vierten Bandes wird er 63 sein. Der Siebzigjährige wird den Zusatzband »Fünf Schlösser« herausgeben, und noch kurz vor seinem Tode wird er mit dem »Ländchen Friesack«, das Fragment bleibt, beschäftigt sein.

Die zehn Kilometer in Sonnenhitze geht er nicht, sondern er fährt. Seine »Wanderungen« müßten eigentlich Fahrten heißen, denn er ist selten zu Fuß. Er benutzt die Eisenbahn, deren Streckennetz sich schnell zu verdichten beginnt. Er reist mit den Linienwagen der Post, deren Postillone bei der Ankunft auf den Stationen noch blasen. Im Spreewald und im Wustrauer Luch hat ihn der flache Kahn durch die Kanäle getragen. Von Frankfurt aus wird er auf einem Dampfer in diesem Sommer noch die Oder abwärts, an Bord eines Segelbootes 12

Jahre später die Dahme aufwärts fahren. Meist aber mietet er sich auf der letzten Bahn- oder Poststation eine Kutsche – wie er es jetzt in Beeskow tat.

Seinen Naturbeschreibungen merkt man das Fahren an. Auf dem Kutschbock sitzend, den Hufschlag und das Knirschen der Räder im Ohr, zieht die Landschaft vorbei, wie von weitem gesehen. Das Kleine, das Fußgänger am Wege finden, kommt nur selten ins Bild. Es interessiert ihn auch nicht. Nicht zu Goldkäfern oder Binsen ist er unterwegs, sondern zu Herrensitzen, auf denen das Vor*fahren* sich empfiehlt. Bestaubt, vielleicht sogar hinkend, zu Fuß ankommen sollte man da nicht. Journalist und Schriftsteller zu sein, ist schon anrüchig genug.

Die Beeskower Gegend, durch die er auf sandigen Wegen fährt, findet er schlimmer als öde, nämlich trist. Vollkommene (gemeint ist: natürliche) Öde kann reizvoll sein, sagt er erklärend, nicht aber die, der der Mensch mit geringem Erfolg Ertrag abzuringen versucht. Es ist die Klage über die Armseligkeit der Mark, die er immer wieder anstimmt, auch deshalb, weil sie, wie er meint, den Charakter ihrer Bewohner prägt. Ein unkritischer Schwärmer ist also der fahrende Wanderer nicht; seine Art der Verherrlichung geht andere Wege.

Sein schlechter Eindruck von dieser Gegend hat auch, ohne daß er es an dieser Stelle sagt, mit seinem Desinteresse an ihr zu tun. Sie ist geschichtslos für ihn; und da ein Reisender nur sieht, was er weiß, sieht dieser (dem auch die eindrucksvollen Ruinen von Kloster Chorin, weil sich keine erzählbaren Geschichten an ihre Geschichte knüpfen, öde und leer erscheinen) hier nur das Elend. Er befindet sich genau in der Lage, die er zwei Jahre später in dem Aufsatz »Über das Reisen in der

Mark« so charakterisiert: Wer nach Küstrin oder Fehrbellin kommt, ohne mit deren Vergangenheit vertraut zu sein, der wird nur Gleichgültigkeit, Mißbehagen oder auch Schlafbedürfnis empfinden; wer aber weiß, daß hier Katte starb und dort der Große Kurfürst die Schweden besiegte, »der wird sich aufrichten im Wagen und Luch und Heide plötzlich in wunderbarer Beleuchtung sehen«.

Da jetzt für ihn erst der Zielort auf diese Weise beleuchtet sein wird und der Kutscher, der nicht erwähnt wird, auch langweilig zu sein scheint, ist Fontane über die Begegnung mit einem Dorfjungen, der ihm plaudernd den Weg kürzt, froh. Das Kind, das er als »allerliebst« bezeichnet und doch schon mit dem Mißtrauen und der Nüchternheit des Märkers ausgestattet sieht, wird der einzige lebende Kossenblatter sein, der dem Leser begegnet; denn dem unbewohnten Schloß, nicht dem Dorf gilt Fontanes Interesse, und dem Pfarrer und dem Amtmann, seinen Auskunftspersonen, räumt er in diesem Aufsatz einen Auftritt nicht ein.

In anderen geht er da anders vor. Da treten Pastoren, Küster, Lehrer und Kutscher auf, holzsammelnde alte Frauen, Krugwirtinnen und Fährmänner dürfen ihr fontanesches Plattdeutsch reden, und die Landpartien fideler Berliner werden mit Scharfblick und Sinn für das Komische analysiert. Sie markieren die Gegenwart des Vergangenheitssuchers – und sind doch als Antwortende durch den Frager auf Vergangenheit orientiert. Von ihrem eignen Leben und damit von sozialen Fragen der Zeit ist selten die Rede, und wenn, dann nicht von denen der Masse der Landbewohner, der bäuerlichen Bevölkerung. In Teupitz wird darüber berichtet, daß die Fischer

»nicht viel mehr als die Tagelöhner und Dienstleute des reichen« Fischgroßhändlers sind; im Wustrauer Luch wird die harte Arbeit der Torfstecher gewürdigt; in Werder wird festgestellt: »Wer persönlich anfaßt und fleißig arbeitet, wird selten reich; reich wird der, der mit der Arbeit hundert anderer Handel treibt«; und in der Reportage über die Ziegelindustrie in Glindow wird im eindrucksvollen Schlußbild das Proletarierelend dem Fabrikantenreichtum gegenübergestellt: alles sozialkritische Töne also, die sich auf den auch das Land erobernden Kapitalismus beziehen, nicht aber auf den die »Wanderungen« beherrschenden Adel. Das tradierte Anklagebild von Hütte und Palast kommt Fontane beim Anblick von Ziegeleibesitzer-Villen in den Sinn und nicht bei dem der vielen von ihm aufgesuchten Schlösser. In Glindow fällt ihm auch der Ausdruck Frondienst ein, doch im Zusammenhang mit »Industrialismus«. Der Bauer seiner Gegenwart, der, ohne als Person in Erscheinung zu treten, als arm und folglich auch »hart« charakterisiert wird, hat bei dem Städter Fontane keine Geschichte, weil die Geschichte der Adelswelt, die er beschreibt, ihre sozialökonomische Seite nicht zeigt.

Da das *Dorf* Kossenblatt Fontane nicht interessiert, schreibt er darüber so wenig wie über andere Dörfer, die er der Schlösser wegen besucht. Volkskundliches (sieht man von den Trachten der Wenden ab) nimmt er kaum wahr; der Zustand der Bauernhäuser, der Wohnverhältnisse und Arbeitsmittel ist ihm keiner Beachtung wert; Dorfanlagen (Kossenblatt ist ein Straßendorf mit abseitiger Lage von Schloß und Kirche) werden nur selten erwähnt. Seltsam in diesem Fall ist, daß er fast auch den Fluß, an dem der Ort liegt, unterschlägt. Die Spree (die hier bis 1815 jahrhundertelang preußisch-sächsische Grenze war, woran die »Zollbrücke« noch immer erinnert) kommt bei ihm nur nebenbei durch Erwähnung eines Spreearms vor.

Sicher hat das damit zu tun, daß er den Aufsatz nicht in den Band »Spreeland«, sondern ins »Oderland«, wo er nicht hingehört, aufnehmen will. Denn dort hat er, in »Prädikow«, den Grafen Barfus behandelt, und da dieser später Besitzer von Kossenblatt wurde, ist ihm um die Nachbarschaft der beiden Kapitel zu tun. Genealogische Zusammenhänge zieht er also topographischer Genauigkeit vor. Eigentlich kommt er an diesem Maitag gar nicht in Kossenblatt, sondern in dessen Vergangenheit an.

2.

Im Zentrum von Kossenblatt, wo die großzügig angelegte Dorfstraße sich angerartig erweitert, (»hübsche Dorfgassen-Linie«, heißt ein unbenutztes Stichwort im Notizbuch), kommt der Wagen im Schatten der Linden zum Stehen. Rechts kehrt das alte Herrenhaus der Straße den Giebel zu; hinter ihm steht, etwas erhöht, die Kirche. Das Schloß verbirgt sich in der angrenzenden Niederung; es ist nur über den Wirtschaftshof zu erreichen.

Während der Kutscher die Pferde versorgt, überquert der Fahrgast (in Gehrock und Weste, den steifen Hemdkragen mit einer Schleife geziert, den Überzieher über dem Arm) die von Hühnern und Gänsen bevölkerte Straße, weil dort auf der anderen Seite das Pfarrhaus steht, wo Pastor Stappenbeck ihn erwartet.

Teilt man die Dorf-Seelenhirten grob in Realisten und Idealisten ein, muß man Stappenbeck wohl zu den letzteren zählen. Er will nicht nur Amtsinhaber, sondern auch Wirkender sein, will nicht nur verwalten, sondern auch missionieren – doch predigt er oft, wie sein Nachfolger meint, über die Köpfe der Gemeinde hinweg. Da Wissenserwerb, wie er glaubt, die Sitten verbessern kann, sieht er sein Amt auch als ein volkspädagogisches an. Um die Leute von Branntwein-Genüssen weg zu höheren zu führen, liest er ihnen abends in der Schulstube vor und richtet eine Dorfbibliothek ein. Aber auch als Ortsgeschichtsschreiber wird er tätig: Der 1724 angelegten Kirchen-Chronik vertraut er manches, was er für bewahrenswert hält, an.

Der starke Folio-Band, dessen barocker Titel (»Kirchen-Protocoll in Cossenblad, worin gefunden werden allerley Nachrichten von sonderlichen Begebenheiten« usw.) eine ganze Seite füllt, liegt, so ist anzunehmen, mit auf dem Tisch, wenn Stappenbeck den Gast aus Berlin empfängt. Das Pfarrhaus, das noch keine 20 Jahre alt ist, ahmt den herkömmlichen Stil märkischer Bauernhäuser nach, in größerer Stattlichkeit freilich. Es steht mit der Längsseite zur Straße und ist durch einen Flur, der von vorn und vom Hof aus betreten werden kann, in der Mitte geteilt. Der straßenseitigen Haustür (die bei den Bauern nur sonntags als Eingang dient) ist eine Holzlaube vorgebaut, die Weinlaub umrankt. Hier sitzt man und plaudert – wobei mehr erzählt wird, als der Reisende wissen will und sich merken kann. Denn nicht nur der Pastor, auch dessen Frau und dessen Schwägerin geben Auskunft, und die Freude darüber, daß ihr Dorf-Wissen auch mal gefragt ist, machen die drei so redselig, daß Fontane bald, wie aus vorstehendem Brief ersichtlich, »der Kopf schwirrt«.

Da ist (wie wir nach Lektüre der Kirchen-Chronik vermuten können) von im Drobsch-Sumpf Erstickten und in der Spree Ertrunkenen die Rede, von plündernden Österreichern und Russen im Siebenjährigen Krieg, von Brandstiftungen, Epidemien und Kugelblitzen, von Bruder-, Kinds- und Selbstmördern, von Hurenkindern, Hochwasserkatastrophen, Monstergeburten, Hexenverbrennungen – und dann auch von einem Gespenst in der Gestalt einer Jungfrau, das partout die Hochzeit des Gutsherrn David von Oppen verhindern wollte, sich letztlich sogar (wie der Pastor David Stern in seiner 1666 bei Erasmus Stößner zu Frankuft/Oder gedruckten Leichenpredigt ausführlich beschreibt) zwischen die Gatten ins Brautbett drängte – und das Fontane vielleicht dazu benutzt, um auf die Gestalt, von der er was hören will, überzuleiten: auf den Grafen von Barfus, der Kossenblatt samt Briescht, Werder und Schwenow nicht lange nach der Gespenstererscheinung von den Oppens erstand.

Daß nur Bruchstücke des Berichteten später nachzulesen sein werden, wird die Berichterstatter notwendigerweise enttäuschen; denn Fontanes Wertmaßstab, nach dem er die Goldpfennige von den gemeinen Dreiern scheidet, ist ihrer nicht. Sie wissen nicht, daß literarische Formung Weglassen erfordert, und sie sehen anderes als der Schreiber für wichtig an. Es geht ihnen da ähnlich wie den Nachkommen der von Fontane verewigten Adelsfamilien, denen seine Geschichten nicht edel und pathetisch genug sind. Sie sehen ihre Ahnen in Heldenpose erstarrt, Fontane aber gibt sie in liebevoller Lebendigkeit wieder, nicht frei von komischen und skurrilen Zügen; und wenn er auch das wirklich Schlimme und Häßliche kaschiert oder verschweigt, (und, um nicht lügen zu müssen, auch seine Begegnungen mit den Schloßherren zu beschreiben unterläßt) so gibt er doch Urteile ab, die die Familiengralshüter oft ärgern. »Neulich«, wird er im März 1874 an Mathilde von Rohr schreiben, »kriegte ich einen Klagebrief von einer Frau v. Witzleben, geb. v. Meusebach, aus Potsdam, die sich bitter beschwerte über das, was ich über ihren verstorb. Bruder geschrieben habe. Er war schließlich absolut verrückt; ich nenne ihn einen ›Mann von Genie und Excentricität‹; das ist nun der Dank dafür.« Und im selben Brief schreibt er, nachdem der Einspruch einer Familie ihn zu Veränderungen veranlaßt hat: »Ob die Familie im Ganzen dadurch befriedigt wird, muß ich bezweifeln, denn immer aufs Neue mache ich die Erfahrung, daß Familien ... nicht zufriedenzustellen sind. Ich glaube auch, daß sie, die Familien, von ihrem Standpunkte aus ganz Recht haben, weil ein Schriftsteller, der die Dinge lediglich als einen Stoff für seine Zwecke ansieht, auch bei größter Vorsicht und wirklichem Takt immer noch der Pietät entbehren wird, die im Herzen der Familienmitglieder lebt. Mitunter ist es freilich nicht mehr Pietät, sondern einfach eine Mischung von grenzenloser Dummheit mit ebenso grenzenloser Eitelkeit.«

Der Tatsache, daß seine Liebe zum Adel, von Ausnahmen abgesehen, unerwidert bleibt, wird er später in einem Gedicht Ausdruck geben, das sowohl die Enttäuschung als auch deren Überwindung in Heiterkeit zeigt (und das nebenbei das Problem seiner Stellung zum Judentum aufwirft, die nicht durchweg erfreulich ist: Zwar hatte er jüdische Freunde, die er sehr schätzte, doch war er von den damals schon grassierenden antijüdischen Vorurteilen nicht frei.)

An meinem Fünfundsiebzigsten

Hundert Briefe sind angekommen,
Ich war vor Freude wie benommen,
Nur etwas verwundert über die Namen
Und über die Plätze, woher sie kamen.

Ich dachte, von Eitelkeit eingesungen:
Du bist der Mann der »Wanderungen«,
Du bist der Mann der märk'schen Geschichte,
Du bist der Mann der märk'schen Gedichte,
Du bist der Mann des Alten Fritzen
Und derer, die mit ihm bei Tafel sitzen,
Einige plaudernd, andre stumm,
Erst in Sanssouci, dann in Elysium;
Du bist der Mann der Jagow und Lochow,
Der Stechow und Bredow, der Quitzow und Rochow,
Du kanntest keine größeren Meriten,
Als die von Schwerin und vom alten Zieten,
Du fand'st in der Welt nichts so zu rühmen,
Als Oppen und Groeben und Kracht und Thümen,
An der Schlachten und meiner Begeisterung Spitze
Marschierten die Pfuels und Itzenplitze,
Marschierten aus Uckermark, Havelland, Barnim,
Die Ribbecks und Kattes, die Bülow und Arnim,
Marschierten die Treskows und Schlieffen und Schlieben -
Und über alle hab' ich geschrieben.

Aber die zum Jubeltag da kamen,
Das waren doch sehr, sehr andre Namen,
Auch »sans peur et reproche«, ohne Furcht und Tadel,
Aber fast schon von prähistorischem Adel:
Die auf »berg« und auf »heim« sind gar nicht zu fassen,
Sie stürmen ein in ganzen Massen,
Meyers kommen in Battaillonen,
Auch Pollacks und die noch östlicher wohnen;
Abram, Isack, Israel,
Alle Patriarchen sind zur Stell',
Stelln mich freundlich an ihre Spitze,
Was sollen mir da noch die Itzenplitze!
Jedem bin ich was gewesen,
Alle haben sie mich gelesen,
Alle kannten mich lange schon,
Und das ist die Hauptsache ... »kommen Sie Cohn.«

Aber nicht nur der Adel mäkelt an den »Wanderungen« herum. Lokal- und Hurra-Patrioten finden sie nicht patriotisch, Wissenschaftler nicht wissenschaftlich genug, Fortschrittlern sind sie zu konservativ – und auch mehr als ein Jahrhundert danach, heutzutage also, sind die Ansichten der Fontane-Leser, deren es bekanntlich viele gibt, über die »Wanderungen« geteilt.

Da gibt es den Ignoranten, der sie ungelesen läßt. Inhaltlich hat er kein Interesse an ihnen, künstlerisch hält er sie für verfehlt, politisch für fragwürdig, und der vom Autor an sie verschwendete (und damit dem Romanschreiben entzogene) Fleiß jammert ihn.

Da ist, als Gegenbild dazu der Heimatforscher, dem die »Wanderungen« heilige Bücher sind. Zwar findet er sie lücken- und auch fehlerhaft, doch kann das seine

Hochschätzung nicht mindern, weil er weiß, der gute Ruf, den sein Forschungsgegenstand, die Mark, weithin genießt, verdankt er ihnen; das Interesse, das er bei anderen erwartet, wurde durch die »Wanderungen« erst geweckt. An ihnen hat er ein Modell, dem er nachstreben, das er verwerfen oder berichtigen kann; und wenn er bescheiden auf ihren Spuren wandert, fällt etwas von ihrem Ruhm auch auf ihn zurück. Auch seine Liebe zu den Romanen ist, falls überhaupt vorhanden, durchs Lokale bestimmt; sie wächst mit topographischer Genauigkeit und schwindet, wird der Schauplatz in den Harz, nach Ungarn, Dänemark oder gar Amerika verlegt. Die Romane sind ihm sozusagen angewandte »Wanderungs«-Kunst.

Das unterscheidet ihn grundlegend von dem dritten Typ, der die »Wanderungen« zwar für wichtig hält, aber nur als Leitersprosse zu den Höhen des Romans. Ihn interessiert an ihnen nur, was dann in »Vor dem Sturm«, im »Schach von Wuthenow«, in der »Effi Briest« oder im »Stechlin« verwandelt wiederkehrt. Das große »Wanderungs«-Werk, das er insgesamt in seinem schematischen Fontane-Bild zeitlich vor die Romane plaziert, wird von ihm also zur Schreibübung degradiert. Daß es in Wirklichkeit noch weit in die Phase des Romanschreibens hineinragt, als Nebenarbeit auch im Alter ständig weiter mitläuft und sich am Lebensende noch einmal in den Vordergrund drängt, stört seine Theorien nicht.

Diese Einseitigkeiten macht der Vertreter der vierten Gruppe, der ideale Fontane-Leser, nicht mit. Der leugnet die überragende Bedeutung der Romane nicht, sieht mit Interesse, wie sie sich auch aus den Erfahrungen der »Wanderungen« nähren, und achtet doch das eine vor dem andern nicht gering. Jedes läßt er in seiner Art gelten – auch wenn er die Kunstfehler des in Jahrzehnten entstandenen »Wanderungs«-Werks erkennt. Denn ein einheitliches Gebilde, wie es jeder der Meisterromane ist, sind die »Wanderungen« nicht. Da gibt es gestaltete und ungestalte, interessante und langweilige Kapitel; auf Reportage, Feuilleton und beste Erzählkunst folgt reine Faktenhäufung; der Plauderton, den Fontane liebt und beherrscht, gelingt nicht immer, und manchmal ist er von der Trockenheit der deshalb von ihm gerügten Historiker nicht weit entfernt. Für kaum jemand (sieht man von Militärhistorikern ab) wird es wohl eine Freude sein, 60 Seiten lang über die wechselnden Chefs, die wechselnden Uniformen und das wechselnde Schlachtenglück der Neuruppiner Garnison zu lesen; die Gespräche mit dem Kutscher Moll aber oder die Geschichte vom Fischer von Kahniswall wird auch der genießen können, der sich für die Rauenschen Berge und den Seddinsee nicht interessiert. Zur Information über die Mark sind alle Teile der »Wanderungen« zu gebrauchen, zu einem Lesegenuß aber, der nicht unbedingt auf Belehrung aus ist, nur die, in denen neben dem Landschafts- und Vergangenheitsbeschreiber auch der Menschengestalter zu Worte kommt. Hier ist Fontane dann aber durchaus auf der Höhe seiner Kunst. Man kann, sagt sich der ideale Fontane-Leser, den Romancier vor dem Wanderer, den Briefschreiber vor dem Balladendichter oder Theaterkritiker schätzen, würdigen aber muß man alles können, wenn man den ganzen Fontane will.

3.

Noch vor dem Mittagessen, so stellen wir uns vor, wird Pastor Stappenbeck, während die Frauen in der Küche beschäftigt sind, den Gast in die Kirche begleiten. Er redet unaufhörlich dabei; denn einen so verständigen Zuhörer hat er nur selten, und bei jedem Schritt sieht er etwas, das er für sehens- und erklärenswert hält. Das beginnt mit dem Platz vor dem Pfarrhaus, dem Fest- und Versammlungsort, an dem auch Küsterhaus, Feuerwehr, Schule und Schenke stehen. Die einzelne Eiche dort (sagt er in so begeistertem Ton, als gäbe es nicht fast in jedem Dorf dergleichen) wird die Königseiche genannt. Sie wurde 1815, am ersten Jahrestag des Einzugs in Paris, nach feierlichen Reden und freiem Bier und Schnaps, gepflanzt. (1866 wird die Siegeseiche dazu kommen, 1871 die Kaisereiche – die Stappenbeck in der Chronik mit den Versen begrüßen wird: »Blühe, du deutsches Reich, / Wachse der Eiche gleich, / Kraftvoll und hehr! / Friede beglücke dich, / Freiheit erquicke dich, / Frömmigkeit schmücke dich, / Vom Fels zum Meer!« – an welcher Stelle dann einer seiner Nachfolger 1917 hinzufügen wird: »Und wann werden wir die Friedenslinde setzen können? Mach End, o Herr, mach End mit aller Not!« Aber diese Linde wird nie gesetzt werden, Kriegervereine werden auf dem Platz paradieren, Braunhemden sich versammeln, Flüchtlingstrecks rasten, und schließlich werden russische Soldaten ihre Fahrzeuge unter den drei Eichen parken, deren Namen und Bedeutung niemand mehr kennt.)

Auf der Straße, die noch keine Pflasterung hat, weist Stappenbeck vielleicht auf noch vorhandene Strohdächer hin und erzählt von Feuersbrünsten. Er zählt die kirchenlosen Dörfer auf, die zu seiner Pfarre gehören, und schildert die schlechten Wege, nach Werder zum Beispiel, das er, wenn das Wetter es zuläßt, besser auf der Spree mit dem Kahn erreicht. Er stammt aus der fruchtbaren Priegnitz, und die sandigen Höhen, die es außerhalb Kossenblatts gibt, haben ihn anfangs schockiert. Aber jetzt hat er sich eingelebt und wird bleiben – bis er 1871, als Sechzigjähriger, stirbt.

Die Gräber der Kossenblatter liegen um die Kirche herum. Noch ist die moderne Zeit nicht da, wo man auch auf dem Dorf mit seinen Toten nicht mehr leben will, sie an die Peripherie verbannt, am besten in die Einöde zwischen zwei Dörfer, also außer Sichtweite. Noch führt der Weg zur Kirche zwischen gußeisernen Kreuzen und Grabplatten hindurch. Aber nur die Nicht-Adligen sind hier begraben, die Oppen und Barfus hatten ihre, zu Fontanes Bedauern nicht mehr zugängliche, Gruft. An der Nordseite der Kirche (wo heute über eingeebneten Gräbern Brennesseln wuchern) ist neben den Gruftanbauten ein aufschlußreicher Gedenkstein zu sehen, den Stappenbeck bei einer Führung sicher nicht ausließ, über den der Besucher aber nichts notiert.

Allhier ruhen die Gebeine
des zu Cossenblatt 30 Jahr
gestandenen Beamten
Friedrich Leopold Lengenick
gebohren den 16ten Juli 1727
gestorben den 1ten Märtz 1784
nebst seinen 6 Kindern
1. Charlotta gbor. 1756, ertrunken 1758

2. August gbor. 1761, an Zähnen gstor. 1768
3. Friedrich gbor. 1767, an Mathigkeit gstor. 1768
4. Leopold gbor. 1759, an Pocken gstor. 1769
5. Carolina gbor. 1757, an Pocken gstor. 1777
6. Philippine gbor. 1773, an Pocken gstor. 1777

Zu den Goldpfennigen zählt dieser Einblick in den Alltag des klassischen Preußen für Fontane nicht. Er hofft auf das Innere der Kirche und wird nicht völlig enttäuscht. Der Bau, der ganz wie einer aus der Zeit des Soldatenkönigs erscheint und doch im Kern gotisch ist, hat Geschichtliches noch bewahrt: ein Porträt David Sterns, des Pfarrers, der das Gespenst der Familie von Oppen beschrieb (es ist, stark ramponiert, noch vorhanden), das vielköpfige Oppensche Familienbild, dem Fontane dann eine Fußnote widmet, drei figürliche Grabsteine der Oppens – aber nichts aus der Barfus-Zeit.

Die Hohenzollern-Epoche dagegen ist durch die bescheidene Königsloge und den Kanzelaltar präsent; genaugenommen ist sie noch gar nicht zu Ende. Zwar hat und wird sich kein König, kein Prinz mehr in Kossenblatt sehen lassen; zwar ging das Gut, das seit 1811 in Erbpacht war, schon in bürgerliche Hände über; aber das Schloß bleibt in königlichem Besitz – und das Kirchenpatronat auch.

Stappenbeck, der, wenn er predigt, links vor sich die kriegerische Stuckornamentik der Loge sieht und über sich, auf dem Kanzeldeckel, den preußischen Adler weiß, ist auf dieses hohe Patronat stolz. Vor sechs Jahren, erzählt er, als man in Beeskow den 300. Jahrestag der Zugehörigkeit zu Brandenburg festlich beging, ist er dem vorigen König, Friedrich Wilhelm IV., vorgestellt worden, und Majestät, als sie Kossenblatt hörte, geruhte zu sagen: Ei, da gehöre sie ja eigentlich hin, sie wolle mal kommen, doch wurde nichts draus, und nun ist sie ja eingegangen zu ihren Vätern.

Draußen herrscht Mittagshitze, aber die Kirche ist kalt. Das Sonnenlicht, das durch die Fenster fällt, läßt das Messingkreuz auf dem Altar und die Königskrone, die der Adler trägt, funkeln. Die Problematik von Kreuz und Krone, von Thron und Altar liegt also in der Luft; aber der Pastor, dessen Leben und Denken in den von Staat und Kirche vorgezeichneten Bahnen verlief, empfindet sie vermutlich nicht als solche. Bei Fontane sieht es da anders aus; doch keine Religionsproblematik ist sie für ihn: Die Politik, die sich religiöser Phrasen bedient, konfrontiert ihn mit ihr. Der Apothekerssohn aus Ruppin, der ein dichtender Apotheker wurde, der revolutionäre Artikel schrieb, sich dann aber mit dem reaktionären Regime arrangierte und für die Regierungspresse nach England ging, ist vor zwei Jahren (1860), um Frau und Kinder ernähren zu können, bei einem Blatt eingetreten, das wie kein anderes Politik mit Religion vermengt.

Die »Neue Preußische Zeitung«, des Eisernen Kreuzes wegen, das sie im Titel führt, Kreuzzeitung genannt, im Jahr der Revolution als Sprachrohr gegen diese gegründet, bleibt, ob sie Regierungen unterstützt oder von rechts gegen sie opponiert, immer das Blatt des konservativsten Adels und der kirchlichen Orthodoxie. Fontanes Sache ist diese Mischung nicht; aber da er nur die England-Artikel redigiert, sich also politisch nicht hervortun muß, ihm viel Zeit für eigne Arbeit bleibt, und er diese, seine »Wanderungs«-Kapitel vor allem, in der

Zeitung unterbringen kann, hält er es in der Redaktion, wo Eiserne Kreuze Sofakissen schmücken und von der Wand ein Christuskopf mit Dornenkrone herniederblickt, zehn Jahre lang aus.

Das Exemplar der Kreuzzeitung, das im Pfarrhaus des Kapitels »Malchow« die Behaglichkeit der Atmosphäre erhöht und neben dem freundlichen Pfarrer auch die Ansicht des Autors zu charakterisieren scheint, kommt also nicht von ungefähr dort auf den Tisch; und da dies acht Jahre *nach* der Kreuzzeitungs-Zeit geschieht (die Fontane in seiner Autobiographie später als die »allerglücklichste« seines Lebens bezeichnet), ist anzunehmen, daß der konservative Zug, den die »Wanderungen« (von der treuherzigen Revolutionsfeindlichkeit des Fischers von Kahniswall bis hin zur modern wirkenden Kritik am »Industrialismus«) haben, nicht der Selbstzensur eines Lohnabhängigen, sondern eigner Neigung und Meinung entstammt. Mit Recht weist Fontane im Dezember 1861 in einem Brief an seinen Verleger Wilhelm Hertz die Behauptung, der erste »Wanderungs«-Band »sei im Auftrag der Kreuz-Zeitungs-Partei geschrieben«, mit dem einen Wort: »Blödsinn!« zurück, kommt aber zwei Tage später doch ausführlicher auf seine Meinung zu sprechen: »Mein Kreuzzeitungstum ... tritt doch wirklich kaum in dem Buche zutage; auch ist das *echte, ideale* Kreuzzeitungstum eine Sache, die bei Freund und Feind respektiert werden muß, denn sie ist gleichbedeutend mit allem Guten, Hohen und Wahren. Das Zerrbild, das oft zutage tritt, ist nicht die Sache selbst.« Schon im Juni 1860 hatte er (was sich für das fortschreitende Alter nicht bewahrheiten sollte) an Paul Heyse geschrieben, daß er »mit den Jahren ehrlich und aufrichtig konservativer« werde, und wenn der fast Sechzigjährige seinem Verleger gegenüber (im November 1878) auf die Kritik an seinem ersten Roman, »Vor dem Sturm«, zu sprechen kommt, erklärt er, was er unter dem Zerrbild seiner Ansichten versteht: »Das Buch ist der Ausdruck einer bestimmten Welt- und Lebensanschauung; es tritt ein für Religion, Sitte, Vaterland, aber es ist voll Haß gegen die ›blaue Kornblume‹ [Symbol der Kaiserverehrung] und gegen ›Mit Gott für König und Vaterland‹, will sagen, gegen die Phrasenhaftigkeit und die Karrikatur jener Dreiheit«, – voll Haß also, fügen wir hinzu, gegen die Ideologie seiner Gegenwart.

In den »Wanderungen« zeigt sich der konservative Zug vor allem in der Vorliebe für die Geschichte des Adels und des absolutistischen Preußen; und wenn dabei Licht und Schatten auch künstlerisch klug verteilt und im Detail manche Urteile gefällt werden, die in die Hohenzollern- und Adelslegenden nicht passen, wird doch das Ganze nie in Frage gestellt. Die »wunderbare Beleuchtung«, in der man Sumpf, Sand und Heide sieht, ist die einer zustimmend kommentierten Geschichte, die in sich Positives verkörpert und durch Personifizierung und Lokalisierung Farbe und Leben gewinnt. Das Mosaik, das Fontane aus mehr oder weniger leuchtenden Steinchen erschafft, formt sich zum Bild der erzählten Geschichte der Mark, zum Bild der Verklärung, das durch Liebe zur preußischen Vergangenheit entsteht. Jeder, der den »Wanderungen« nachreist und diese Liebe nicht mitbringt, wird das bestätigen müssen: denn er ist (wie Fontane es ihm vorhergesagt hat) enttäuscht.

Diese Liebe zur preußischen Geschichte, die bei aller Nuancierung und Differenzierung verklärt bleibt, verliert Fontane nie. Die Kritik am Preußentum seiner Gegenwart, die sich in seinen späteren Jahren in den Romanen und, radikaler noch, in den Briefen äußert, basiert auf ihr. Sein Widerwille gegen das Bourgeoise und seine Enttäuschung über den gegenwärtigen Adel mißt sich an ihr. Vor dem leuchtenden Hintergrund der friderizianischen Zeit wird ihm die wilhelminische, also die eigne, schwarz. Wie das Mittelalter für die Romantik, ist das klassische Preußen eine Utopie, die in der Vergangenheit liegt, für ihn. Er weiß aber, daß es ein Zurück nicht gibt.

Schon in seinen Anfängen ist das so: 1848 erklärt er in revolutionären Artikeln, daß Preußen um Deutschlands willen zerfallen müsse, und dichtet fast gleichzeitig Preußenlieder über Schill, York, den alten Dessauer und den alten Zieten, in denen es, gesperrt gedruckt, heißt: »Ich halte es mit dem [altpreußischen] Zopfe, / Wenn solche Männer dran.« Und am Ende, wenn er zu der Überzeugung gekommen ist, daß es den Adligen, wie er ihn liebt, nicht mehr gibt, macht er sich einen: den alten Herrn von Stechlin, den märkischen Junker, der mit den Jahren skeptischer und demokratischer wird – der also ist wie er. Auch Fontane hätte zu Pastor Lorenzen, dem Sprachrohr des Autors, sagen können: »Außerdem sind Sie Friedericus-Rex-Mann, was ich Ihnen eigentlich am höchsten anrechne, denn die Friedericus-Rex-Leute, die haben alle Herz und Verstand auf dem rechten Fleck.«

Und so ist es dann auch durchaus kein Widerspruch, wenn sich Fontane nach dem »Stechlin«, in dem das vielzitierte Wort vom Alten, das man lieben, und vom Neuen, dem man leben müsse, gesprochen wird, in den letzten Lebenstagen noch einmal die geplante Fortsetzung der »Wanderungen« vornimmt, das »Ländchen

Friesack«, wo in der weitgehend ausgeführten Einleitung die Annäherung an die alte Familie von Bredow, von der das ganze Buch handeln soll, als »lang gehegter Wunsch« und »Sehnsucht« bezeichnet wird und wo in einer nur in Stichpunkten vorhandenen »reizenden Geschichte« ein Pächter der Bredows glücklich ist, als der Gutsbesitzer ihn nach Beendigung eines Zerwürfnisses wieder duzt; wo also das Lob der alten patriarchalischen Gutsverhältnisse gesungen wird. »Sie nennen es auf dem Lande schön und poetisch das Ehren-Du«, heißt es am Schluß, und eine Fußnote fügte hinzu: »Jeder gesund organisierte Mensch fühlt so.«

Von der Meinung, die der Fontane der »Wanderungs«-Zeit anläßlich des Besuchs einer Dorfkirche im Mai 1860 seiner Mutter mitgeteilt hatte: »Wer den Adel abschaffen wollte, schaffte den letzten Rest Poesie aus der Welt«, war der alte Fontane, der in den Adel keine Zukunftshoffnung mehr setzte und die jungen Poeten pries, zwar einerseits gründlich abgekommen, aber andererseits hatten für ihn, wie man sieht, bis an sein Lebensende Adel und Poesie viel miteinander zu tun.

4.

Nach dem Mittagessen (falls es eins gab; man muß da unsicher sein, da Fontane mit der Knickrigkeit, die er den Märkern bescheinigt, ja Erfahrungen gemacht haben muß) zeigt ihm Herr Buchholtz (dessen Anwesenheit brieflich beglaubigt ist) das Schloß, das seit dem letzten Besuch Friedrich Wilhelms I. (1739) leersteht. Von der Buchholtzschen Familiengeschichte, nach der der Besucher nicht fragt, weil er dort nichts Interessantes vermutet, versäumt er es wohl zu erzählen, wodurch Fontane eine König-Friedrich-Geschichte entgeht. Der Großvater dieses Buchholtz nämlich, Johann August Buchholtz, ein Pastorensohn aus der Priegnitz, der, von Werbern zum Armeedienst gepreßt, selbst zum Werbe-Sergeant wurde, war so erfolgreich in der Soldatenfängerei, daß Kronprinz Friedrich, für dessen Regiment in Neuruppin er dies Geschäft betrieb, auf ihn aufmerksam wurde und ihn später zu seinem Hofetats-Rentmeister und Dispositionskassen-Rendanten, will sagen: Kassenverwalter und Finanzberater, machte – und damit zu einer sprichwörtlichen Anekdoten-Figur. Denn wenn man zum König mit Finanzforderungen und -bitten kam, hieß es: Da kennt Er Buchholtz schlecht! oder: Dazu hat Buchholtz kein Geld!, und wenn ein Gesuch günstig entschieden war: Er wußte, wo Buchholtz wohnt!

Da das Königshaus die Verdienste dieses Sparsamkeitsgenies auch an seinen Kindern noch belohnte, wurde ein Sohn 1801 zum Amtmann von Kossenblatt ernannt, zum Verwalter des königlichen Gutes also, das er 1811, als Friedrich Wilhelm III., um die Kontributionen an Frankreich bezahlen zu können, Land abstoßen mußte, als Erbzinsgut erwarb – und später an seinen Sohn Karl vererbte, an den Mann, der jetzt Fontane durch die feldsteingewölbten Keller des Herrenhauses und die nur von Mäusen und Vögeln bewohnten Räume des Schlosses führt.

Amtmann, wie Fontane ihn nennt, ist dieser Amtmannssohn nie gewesen; er war Erbzinsgutpächter; jetzt, da laut Gesetz von 1850 diese Eigentumsform in Preußen abgeschafft ist, ist er nicht nur faktisch wie vorher, sondern auch im juristischen Sinne Eigentümer – einer der 34 bürgerlichen Gutsbesitzer, die es in der Jahrhundertmitte auf den 45 Rittergütern des Kreises Beeskow-Storkow gibt. Daß Fontane ihn nicht als solchen zur Kenntnis nimmt, scheint bezeichnend für ihn: hat er doch in den »Wanderungen«, die der Aufwertung des Märkischen dienen, diese Entwicklung anfangs ganz ignoriert; im Gedicht, wo er sie registriert, wird eine Satire mit Wehmutstönen daraus:

Kirchenumbau
(Bei modernem Gutswechsel)

Spricht der Polier: »Nun bloß noch das eine:
Herr Schultze, wohin mit die Leichensteine?
Die meisten, wenn recht ich gelesen habe,
Waren alte Nonnen aus ›Heiligen Grabe‹«.

»Und Ritter?«

»Nu Ritter, ein Stücker sieben,
ich hab' ihre Namens aufgeschrieben,
Bloß, wo sie gestanden, da sind ja nu Löcher;
1 Bredow, 1 Ribbeck, 2 Rohr, 3 Kröcher;
Wo soll'n wir mit hin? wo soll ich sie stell'n?«

»Stellen? Nu gar nich. Das gibt gute Schwell'n,
Schwellen für Stall und Stuterei,
Da freun sich die Junkers noch dabei.«

»Und denn, Herr Schultze, dicht überm Altar
Noch so was vergoldigt Kattolsches war,
Maria mit Christkind . . . Es war doch ein Jammer.«

»Versteht sich. In die Rumpelkammer!«

Der Kreuzzeitungs-Redakteur und Preußenlieder-Dichter, der ein Jahr zuvor, an einer Ruppiner Friedrich-Gedenkstätte sitzend, den Trinkspruch: »Es lebe die alte Zeit!« (der durch den folgenden Hinweis auf »Leben und Liebe« nur schwach relativiert wurde) ausgebracht hatte und der sich nun hier in Kossenblatt von einem bürgerlichen Gutsbesitzer, der ein feudales Erbe angetreten hat, durch das gespenstisch-öde Grafen- und Königs-Schloß führen läßt, ohne die Symbolik der Situation zu erfassen, wird 30 Jahre später, wenn er die großen Romane, vom letzten abgesehen, schon hinter sich hat, als Schlußwort des erweiterten »Wanderungs«-Kapitels »Gentzrode«, das den Aufstieg und Fall eines bürgerlichen Gutsbesitzers der Gründerzeit schildert, die Sätze schreiben: »Das Wachsende, gut oder nicht gut, tritt an die Stelle des Fallenden, um über kurz oder lang selber ein Fallendes zu sein. Das ist ewiges Gesetz.« Ein Gesetz, das die Gräfin Melusine im »Stechlin« dann so formuliert: »Ich respektiere das Gegebene. Daneben aber freilich auch das Werdende, denn eben dies Werdende wird über kurz oder lang abermals ein Gegebenes sein.«

Um sagen zu können: einen Beweis für das Gesetz von Wachsen und Fallen hat Fontane an seiner Seite, wollen wir Buchholtz einen elfjährigen Jungen beigeben, der, wie sich herausstellt, sein Neffe Emil und sein künftiger Erbe ist. Während Fontane, der in ästhetischen Fragen gern scharfe Urteile fällt (was das Vergnügen an der Lektüre der »Wanderungen« beträchtlich erhöht), Kritik an den Malereien des Königs übt, vergnügt sich (in unserer Vorstellung) das Kind damit, die toten Vögel zu sammeln. Da es darauf besteht, diese auch zu begraben, wird der Rückweg zum Dorf über den kleinen Park, Lustgarten genannt, genommen. Sie gehen also, wenn sie die Bohlen-Brücke über den Graben (auch das Schloß Stechlin, das ähnlich gebaut ist, wie dieses hier, hat einen solchen) passiert haben, einige Schritte nach rechts am Ufer des Spreearms entlang und da, wo die Seitenflügel des Schlosses sich zum Wasser hin öffnen, den mäßig ansteigenden Parkweg hinauf und stehen bald an der (heute durch einen Findling kenntlich gemachten) Stelle, an der zwei Jahre nach Fontanes Tod, der Neffe Emil sterben und sein Grab finden wird.

Das kam, wie die Kirchen-Chronik getreulich berichtet, so: Seit 1877 geschah es in Kossenblatt immer wieder, daß alte, strohgedeckte Häuser und Scheunen, die des hohen Brandrisikos wegen von der Feuerkasse bald gestrichen worden wären, in Flammen aufgingen. Nie kam dabei Mensch oder Vieh zu Schaden, nie wurde gelöscht und nie ein Brandstifter ermittelt. 1882 gab es nur noch *ein* strohgedecktes Kossätengehöft im Dorf, und auch das brannte erwartungsgemäß ab. Halb Kossenblatt war so von der Feuerversicherung modernisiert worden – und diese Erfahrung muß Emil Buchholtz, der durch Heirat seiner Cousine Besitzer des Gutes geworden, aber durch »schlechte Wirtschaft, liederliches, ausschweifendes Leben und mehrfache Überschwemmungsschäden« in Schulden geraten war, dazu veranlaßt haben, in dem Umweg über die Feuerkasse den Ausweg aus seiner Misere zu sehen. Als die Kur- und Neumärkischen Ritterschafts-Darlehenskasse, bei der er mit 180 000 Mark verschuldet war, mit Zwangsverwaltung des Gutes drohte, brannte seine Roggenmiete ab. Vor dem Land-Gericht in Frankfurt an der Oder sagten Zeugen aus, Herr Buchholtz habe seinem Kutscher erklärt: Der Brand der Miete wäre ihm einen »blauen Lappen« wert. Nach dem Urteilsspruch, der auf drei Monate Gefängnis wegen Anstiftung lautete, jagte Buchholtz mit seiner leichten Kutsche nach Kossenblatt zurück, bewaffnete sich mit zwei Gewehren, legte sich an der Beeskower Chaussee (die 1893 gebaut worden war) in den Hinterhalt und schoß auf die im Wagen aus Frankfurt zurückkehrenden Zeugen. Mehrere verletzte er, einer der Gärtner, Vater von sechs Kindern, zu denen, wie es im Kirchenbuch heißt, später noch ein siebentes kam, starb an seinen Wunden. Buchholtz irrte die Nacht hindurch im Walde umher und erschoß sich am folgenden Morgen auf dem Grab seiner Frau im Park. Da man nicht wußte, ob er tot war, wagte erst niemand näherzutreten, bis man, wie es in der Chronik heißt, »den Pastor dazu vermochte, weil man annahm, daß B. dessen Leben am ehesten schonen würde.« Das war am 16. Mai 1900. Genau hundert Jahre hatten die Buchholtzens also in Kossenblatt verbracht. Im Oktober wurde das Gut zwangsversteigert. Die Königliche Hofkammer wollte es der Krone wiedererwerben, aber da finanzkräftigere Käufer da waren, gelang das nicht.

Der Fall der Familie Buchholtz war aber damit noch nicht am Ende, ein moralischer folgte noch. Ein Sproß der Familie nämlich, vermutlich wiederum ein Neffe des Emil, veröffentlichte in den dreißiger Jahren unseres Jahrhunderts einen Roman, in dem die Familienlegende zeitgemäß verarbeitet wurde. Das Schloß des Feldmarschalls Barfus, des Türkenbezwingers, in dessen Sälen die Bilder des Soldatenkönigs hängen, heißt hier Eichberg und liegt nicht an Sumpfwiesen, sondern einem herrlichen See. Aus Buchholtz wird Beringer aus Emil

Erich, und die Darlehenskasse wandelt sich in einen habgierigen, häßlichen Juden namens Mendelssohn, der die Bilder des Königs natürlich für Plunder hält und den durch Brände in Not geratenen Erich, der die schöne Gärtnerstochter liebt, immer tiefer ins Unglück treibt. Da Erich sich schließlich dem Würgegriff des Wucherers nicht mehr entziehen kann, bringt er sich um; die Gärtnerstochter ertränkt sich im See; das Schloß ist verloren, der Weltkrieg verloren; der Bruder Erichs, Oberst und positiver Held des Romans, wird von »Novemberverbrechern« erschossen, aber schon stürmt dessen Sohn mit den Freicorpskämpfern heran, jung, unaufhaltsam, direkt in das Dritte Reich – das sich ideologisch dann von den Legenden nährt, die es vor ihm schon gab. Am 21. März 1933 marschierte ganz Kossenblatt, jung und alt, im Fackelzug zu Ehren des »Tages von Potsdam« mit. »Die alten schönen Vaterlandslieder erklangen wieder, und von neuer Begeisterung und Vaterlandsliebe erfüllte Worte wurden gesprochen. Gott sei gedankt!«

5.

Wenn die Sonne hinter die Parkbäume sinkt, wird es kühl in der Pfarrhauslaube. Die Dorfstraße belebt sich; Frauen kehren von der Feldarbeit heim; Ackerwagen rollen vorbei; Kühe werden von Kindern aus den Koppeln in die Ställe zurückgetrieben. Der Kutscher hat angespannt und drängt zum Aufbruch. Mit Peitschenknall geht es zum Dorfe hinaus, aber wenn der Weg ansteigt und sandig wird, fallen die Pferde in langsamen Trab. Von den zwei Seen her (in den nicht ausgeführten Notizen als »üppiges Labsal« bezeichnet) tönt das Plärren der Frösche herauf. Nebelschleier breiten sich über die Wiesen. In Fahrtrichtung sind die ersten Sterne zu sehen. Der Fahrgast legt sich den Mantel über die Schulter und hüllt die Beine in Decken ein.

Oft schon hat Fontane die Rückkehr von seinen Erkundungen so oder so ähnlich erlebt, und oft noch wird er sie so erleben. Unterwegs, in Passagierstuben oder bescheidenen Unterkünften, wird er die unentbehrlichen Notizbücher mit Aufzeichnungen und Skizzen füllen; zu Hause wird er die historischen Werke von Bratring und Berghaus, von Fidicin und Wohlbrück studieren; er wird Ankündigungs-, Bitt- und Dankbriefe schreiben, und immer wird er auf der Jagd nach Anekdoten sein. Er wird nicht nur nach Buckow, Pieskow und Großbeeren fahren, er wird auch Hamburg, Dänemark, Schlesien, Italien und Frankreich sehen, wird umfangreiche Kriegsdarstellungen und großartige Romane schreiben, aber die Mark wird ihn nicht loslassen dabei. Gegen die Behauptung, er habe eine Schwärmerei für sie, wird er sich mit dem Satz: »So dumm war ich nicht« wehren; er wird ihr ihren »Popelinski-Charakter« ankreiden und feststellen, daß sie nur nach »Kiefer und Kaserne« schmecke; er wird zunehmend skeptischer gegen alles Märkisch-Preußische werden, wird den märkischen Adel »eingebildet (man weiß nicht recht worauf), beschränkt und im ganzen genommen ruppig« nennen, sich aber, wenn er schon über 70 ist, wieder auf Edelhöfen im Havelland einquartieren und mit 79, kurz vor seinem Tode schreiben, er kehre zu seinen »alten Göttern«, dem Landadel nämlich, zurück – was er ja in anderer Art schon mit dem »Stechlin« getan hatte.

Im Mai 1894 schreibt Fontane an seinen Sohn Theodor: »Überschlage ich meine eigene Reiserei, so komme ich zu dem Resultat, daß ich von solchen Spritzfahrten in die Nähe viel, viel mehr Anregung, Vergnügen und Gesundheit gehabt habe als von den großen Reisen, die sehr anstrengend, sehr kostspielig und meist demütigend sind. Erhebend, in Bezug auf Mannesstolz, gewiß nicht; denn man debütiert überall als Schuster. In Teupitz und Wusterhausen aber und nun gar in Priegnitz und Havelland bin ich immer glücklich gewesen.« – Daß das nur einer sagen kann, der viel gereist *ist*, versteht sich von selbst. Schließlich lautet der erste Satz des ersten Bandes der »Wanderungen«: »Erst die Fremde lehrt uns, was wir an der Heimat besitzen.« – Mit anderen Worten: Auf das In-die-Fremde-reisen-können kommt es bei der Entstehung von Heimatliebe an.

Mein Liebling Marwitz
oder
Die meisten Zitate sind falsch.

1. *Adlig Begräbnis*

Friedrich August Ludwig von der Marwitz auf Friedersdorf, Gutsherr, Offizier, Politiker (und heimlich auch Schriftsteller) starb 1837, im 61. Jahr. Mit preußischer Gründlichkeit hatte er für diesen Fall alle Vorsorgen getroffen und von der Erbfolge bis zur Erziehung der Kinder die Einzelheiten genau festgelegt. Die Söhne sollten zunächst Offizier, der zweite später Landwirt werden, denn von »Stuben-Examina« mit ihren »stets wechselnden und unheilbringenden Theorien« hielt er nichts. Nie sollten die Söhne sich »an ein so wandelbares und bewegliches Ding« wie das Geld hängen, nie durch »Wuchern und Spekulieren« versuchen, den »Erwerb des Nebenmenschen auf sich zu bringen«; sie sollten sich vielmehr beständig an ihre Herkunft aus einem Geschlecht erinnern, »welches niemals sein Trachten gesetzt hat auf irdisches Gut, sondern immer nur auf die Ehre, auf das Wahre und Rechte«, sie sollten ihren Grundbesitz erhalten und pflegen, sollten gute Väter, Versorger, Vorbilder sein und ihre »Untertanen vor dem allgemeinen Verderben bewahren«, sich deshalb, soweit das durch die neuen Landesgesetze noch zulässig sei, um Schule, Kirche und Gerichtspflege bekümmern, öffentliche Arbeit in Kreis oder Provinz leisten und schließlich das Vaterland verteidigen, wenn es nötig sei.

Auch die genauen Anweisungen, die er für seine Beerdigung gab, waren von den Grundsätzen, nach denen er gelebt hatte, bestimmt. Da er nicht wünschte, »zu früh«, also noch lebend, »begraben zu werden«, wollte er in einem »luftigen Zimmer liegen« bis »sich deutliche Spuren von Verwesung« zeigten, dann gewaschen und mit seiner »Generals-Mondierung«, nebst Orden, bekleidet werden; der Degen, den er »im Felde geführt habe«, sollte, wenn der offene Sarg im Eßzimmer zur Besichtigung aufgestellt würde, neben ihm liegen. (»Es ist der mit der Schilfklinge, der älteste von allen.«) Am Morgen des Beerdigungstages sollte dreimal eine halbe Stunde geläutet werden. Beim letzten Läuten sollte die Gemeinde sich vor dem Schlosse versammeln, den Sarg mit dem Lied: »So hab ich nun vollendet / Den schweren Lebenslauf« begrüßen und dann, unter dem Klang aller Glocken, schweigend zur Kirche ziehen, in folgender Ordnung: »1. der Küster mit der Schuljugend, 2. die ganze Gemeine, exklusive der 20 Wirte, 3. der Prediger, 4. der Sarg, 5. meine Gemahlin, wenn sie anwesend ist, mit meinen beiden Söhnen zu ihren Seiten, 6. meine Töchter, paarweise, nach dem Alter, 7. die übrigen 14 Wirte, außer denen, die den Sarg tragen, 8. meine Hausdienerschaft.« Nachdem die Gemeinde sich in der Kirche verteilt hat, die Schuljugend bei der Kanzel, die Familie zu beiden Seiten des Altars, sollte der Sarg niedergesetzt, vom Prediger eine kurze Standrede gesprochen und, während des Liedes: »Einen guten Kampf hab ich auf der Welt gekämpfet,« der Sarg in das Gewölbe gehoben werden. Am nächsten Sonntag sollte eine Gedächtnispredigt über den Text: »Ich bin die Auferstehung und das Leben« gehalten werden; wobei der Prediger sich an den

Text halten und den Verstorbenen nicht loben sollte. »Er kann aber sagen: daß ich gestrebt habe mein Leben lang, die mir auferlegten Pflichten und Arbeiten getreulich zu erfüllen, dabei mein eignes irdisches Wohlsein für nichts achtend, – (weil das *wahr* ist) und daß dabei mein Hoffen auf Gott gerichtet war ... Zum Schlusse soll er sich an meine Söhne wenden und sie öffentlich ermahnen: immer treu zu sein ihrem Beruf, ihr Leben zu weihen ihrem Könige, ihrem Vaterlande und ihren Mitbürgern und dabei immer Gott vor Augen und im Herzen zu haben.«

Zum Schluß wünschte er sich (»wenn die Ausgabe möglich ist«) ein Wand-Epitaph in der Kirche, wie es seine Vorfahren haben – und natürlich wurde auch das, wie alles sonst, von den Nachkommen getreulich befolgt. Am 17. Dezember 1837 wurde die Gedächtnispredigt, mit öffentlicher Ermahnung der Söhne gehalten; und als Fontane 23 Jahre später Friedersdorf besuchte, fand er auch das gewünschte Epitaph an dem im Testament vorgesehenen Platz in der Kirche, »die sehr wahrscheinlich in märkischen Landen nicht ihresgleichen hat«. »Ein Sanspareil«, ein Ohnegleichen, unter den Dorfkirchen, »nicht an Schönheit, aber an historischem Interesse«, nennt er die Kirche auch in einem kurz darauf geschriebenen Brief an die Mutter, um dann zu bekennen: »Es verlohnt sich doch eigentlich nur noch, ›von Familie‹ zu sein. Zehn Generationen von 500 Schultzes und Lehmanns sind noch lange nicht so interessant wie 3 Generationen eines einzigen Marwitz-Zweiges. Wer den Adel abschaffen wollte, schaffte den letzten Rest von Poësie aus der Welt.«

2. *Vom braven Reitersmann*

Als Marwitz starb, war der Berliner Apothekerlehrling Theodor Fontane 18 Jahre alt. Er machte Verse, war ein fleißiger Zeitungsleser und tendierte politisch im nächsten Jahrzehnt mehr und mehr nach links. Sollte er von Marwitz gewußt haben, hätte er von dessen Konservatismus nichts wissen wollen; er schwärmte von Freiheit und deutscher Einheit und dürstete (im Gedicht) nach Taten. Im März 1848 war er mit dem aufrührerischen Volk auf den Straßen und wurde Anfang Mai von den Urwählern des Georgen-Kirch-Bezirks zum Wahlmann bestimmt. Im Schauspielhaus saß er in der Wahlmännerversammlung, die die Abgeordneten zu wählen hatte, dann war zwar noch nicht sein Revolutionseifer, wohl aber seine Revolutionskarriere vorbei. Sein erstes und letztes Auftreten als Politiker nennt er das später in »Von Zwanzig bis Dreißig«. Aber es gab noch ein zweites, 14 Jahre später, und die Partei, für die er nun antrat, war nicht revolutionär, sondern konservativ. Aus dem vermutlichen Marwitz-Verächter war ein Marwitz-Bewunderer geworden. Aber so radikal, wie diese Wendung vom Parteistandpunkt aus aussieht, war sie von der Person aus gesehen nicht. Berührungspunkte mit dem Alten in Friedersdorf hatte es auch schon bei dem jungen Vormärz-Literaten gegeben. Beim alten Preußen, das Marwitz verkörpert hatte und Fontane bewunderte, trafen sie sich.

Dem Literatenverein »Tunnel über der Spree«, der sich vorwiegend aus staats- und standesbewußten Beamten und Offizieren zusammensetzte, gehörte Fontane schon seit 1844 an. Seine demokratischen Ansichten sah man dort sicher nicht gern, tolerierte sie aber, und einzelne Mitglieder brachten dem jungen Radikalen eine Freundschaft entgegen, die auch die Revolutionszeit überdauerte und ihm in Existenznöten hilfreich war. Politik war zwar, laut Statut, aus den »Tunnel«-Diskussionen verbannt, aber bekanntlich läßt sich die auch im Gewand der Ästhetik betreiben, indem man zum Beispiel Politisches und Soziales, das einem nicht paßt, für poesieunwürdig erklärt. Stärker als Kritik aber kann Beifall auf einen Anfänger wirken, besonders dann, wenn er fühlt, daß er ihn verdient. Und das war 1846 bei seinen Balladen von preußischen Helden der Fall, bei denen nicht nur der »Tunnel«, sondern auch die Öffentlichkeit applaudierte, mit vollem Recht. Denn nach den vielen epigonalen Natur- und Sozialgedichten, die nur zeigten, daß er die Romantiker kannte und Chamisso, Freiligrath und Herwegh gelesen hatte, wurde er hier originell. Der junge Dichter, den es in der Stickluft des Vormärz nach revolutionärem Kampf gelüstete (»Ich bin es satt, auf Polstern mich zu dehnen, / Es ekelt mich dies weibergleiche Tun«), entdeckte auf der Suche nach beispielhaften Tatmenschen die Derfflinger, Seydlitz und Zieten und machte Volkshelden aus ihnen, indem er ihre Herkunft aus dem Volke, ihr Draufgängertum oder ihre Unbildung betonte und einen humoristisch-forschen, populären Ton anschlug, (der einen heute freilich manchmal grausen läßt). Auf diese Weise gelang es ihm, selbst aus dem Exerziermeister der preußischen Armee, dem Alten Dessauer, ein liebenswertes Original zu machen und die Leser zu rühren, wenn es bei den alten Schlagetots selber ans Sterben geht. Für den Fortschritts-Dichter, der es dann mit der alten Zeit, »mit dem Zopfe«, hält, *»wenn* *solche Männer dran«*, wird auch der Erfinder des Gleichschritts »ein Held eigener Art«, ein Mann außerhalb jeder Schablone, der nicht nur vor dem Feind und dem Tod furchtlos ist, sondern auch vor seinem König und Herrn, dem er in Freiheit, unter Wahrung seiner Persönlichkeit, dient. Was Fontane später an Marwitz schätzt und am Ende noch seinem alten Stechlin mitgibt (»Er war recht eigentlich frei.«), ist in den frühen Balladen schon vorgebildet, auch die Freude am Anekdotischen, durch das alles Farbe und Leben bekommt. Wie freiheitliche Politik der Zeit bei ihm mit Preußischem verbunden sein kann, zeigt am deutlichsten (wenn auch nicht vollkommensten) sein Gedicht von 1849 »An den Märzminister Graf Schwerin-Putzar«, einen liberalen Politiker der Revolutionszeit, der gegen kirchliche Orthodoxie und reaktionäre Kulturpolitik Widerstand geleistet hatte und nun von Fontane dadurch gelobt wird, daß er ihn mit seinem (angeblichen) Vorfahren, dem friderizianischen Marschall, vergleicht: »Dein Ahnherr – mit dem Schwerte, / Du selber – mit dem Wort! / So lebt das Ruhmeswerte, / Bis auf den Enkel fort.« Er stellt ihm, der die »freie Meinung« verteidigte, den alten Zieten als Vorbild hin, der die seine auch dem König gegenüber zur Geltung brachte, und schließt die gereimte Anekdote mit den Zeilen: »So war's – und ist's geblieben / Durch ein Jahrhundert fort: / Die Hohenzollern lieben / Ein freies Manneswort. / Auch du, für heil'ge Rechte / Ficht weiter, sonder Scheu: *Treulos sind alle Knechte, / Der Freie nur ist treu!«*

Fontanes revolutionäre Zeitungsaufsätze, die er 1848 für die »Berliner Zeitungshalle«, das Publikationsorgan des »Zentralausschusses der deutschen Demokraten«

schrieb, verrieten von seiner Liebe zu Preußen (das er dazu aufforderte, sich der deutschen Einheit zum Opfer zu bringen) wenig, mit der ebenfalls demokratisch orientierten »Dresdener Zeitung« aber, für die er 1849/50 »Berliner Korrespondenzen« schrieb, geriet er deswegen in Konflikt. Auf sein geliebtes Alt-Preußen mit seinen Anekdoten-Frondeurs kam er in verschiedenen Zusammenhängen immer wieder zu sprechen, und im Schreiben vom 8. Dezember 1849 verteidigte er »mit altpreußischem Stolz« den Staat Friedrichs II. gegen Angriffe von links, indem er ihn einen Militär- aber gleichzeitig auch Rechtsstaat nannte, und er nahm dabei die Ablehnung des Artikels durch die sächsischen Demokraten in Kauf. Drei Tage später schrieb er an Wolfsohn: diese Ablehnung wegen »durchgehender altpreußischer Gesinnung« sei »ganz in Ordnung«, er »sei nun mal Preuße« und denke nicht daran, das, was ihn »am meisten erwärmt und erhebt« in »den Dreck [zu] treten«, er werde weiter auf die Gegenwart schimpfen, aber seine »Entrüstung über die *unpreußische* Handlungsweise der jetzigen preußischen Machthaber« werde nie soweit gehen, daß er das »Land und Volk schmähe, aus *Liebe* zu dem« er »überhaupt nur in Entrüstung« geriet.

Diesen Blick zurück in Liebe auf ein verklärtes Preußen des 18. Jahrhunderts, den man kindheitsgeprägt nennen könnte, brauchte Fontane bei seinem Parteienwechsel von 1850 nicht zu ändern, kaum zu modifizieren. In dieser Hinsicht blieb er beim Übertritt ins andere Lager (in dem er ein Bein sowieso schon hatte) er selber, und es liegt nahe zu sagen: seine Aufgabe war es nicht, Politik zu machen, sondern der »alte Fontane« zu werden, also für die Romane einst reif zu sein. Ein moralisch integrer Fontane wäre 1850 vielleicht zugrunde gegangen oder, was er ernstlich erwog, nach Amerika ausgewandert, und wir wüßten heute vielleicht kaum was von ihm. So gesehen mußte er zu Kreuze, zum eisernen, kriechen, sich dem Teufel, dem Manteuffel, verschreiben, sich vom Schöpfer der Verse: »Gegen Demokraten helfen nur Soldaten« fördern lassen und sich selbst dafür verachten; denn er mußte überleben. Zur Auswanderung aufgefordert, schrieb er 1849, daß er seine Unabhängigkeit nicht überm Meer, sondern im »Freistaat der Kunst« suche. Letztendlich hat er sie dort auch gefunden, aber es gingen Jahrzehnte darüber hin.

Daß der dreißigjährige Habenichts mit zwei unehelichen Kindern, der vom Schreiben leben und darüber hinaus auch noch heiraten wollte, vom demokratischen Idealisten zum Anpasser wurde, ist nicht schön anzusehen, aber verständlich, und seine innere Wandlung zum Konservativen hin, ist es noch mehr. Brauchte er, um unter den »Tunnel«-Genossen ohne Schizophrenie bestehen zu können, seine traditionelle Bindung ans alte Preußen doch nur zu kultivieren; mehr konnte er nicht, und mehr verlangte man nicht. Vorsichtig darauf bedacht, es sich mit der Gesellschaft, an deren Anerkennung ihm lag, nicht zu verderben, war er oft auch zu politischen und poetischen Konzessionen bereit. So verlogen und widerwärtig wie das nach dem Kurswechsel von 1850 entstandene Gedicht »Vom braven Reitersmann«, das die konterrevolutionäre Tat General Wrangels preist, sind die späteren Fest- und Huldigungsgedichte (soweit sie überhaupt erhalten sind) zwar nicht geworden, aber schlecht sind sie allesamt. In der ersten Zeit nach dem Wechsel klingen die poetischen und brieflichen Bekundungen seiner Staats- und Hohenzollerntreue noch angestrengt, später werden sie souverän. Die England-Aufenthalte, die seine politischen Jugendsünden vergessen machten, ließen seine Heimat- und damit Preußenverbundenheit noch wachsen. Er kehrte heim als überzeugter Konservativer, begann die »Wanderungen durch die Mark Brandenburg« zu schreiben und trat bei der Kreuzzeitung ein. Ein verbohrter Kreuzzeitungsmann, zu dem ihm vor allem das Kirchlich-Orthodoxe fehlte, wurde er aber nie; davor schützten ihn sein unabhängiges Denken und sein kritischer Blick. Er war kein Parteimann, er war »ganz einfach Fontane«, und vermutlich war es nur eine seiner vielen Konzessionen, daß er sich 1862 in die praktische politische Arbeit einspannen ließ. In seinen Briefen findet sich darüber so gut wie nichts, und in seinen Erinnerungen hat er nicht nur sein demokratisches Engagement verkleinert, sondern sein konservatives auch. Zwar hat er in »Von Zwanzig bis Dreißig« sein Kreuzzeitungs-Jahrzehnt glücklich genannt und den Kreuzzeitungs-Redakteuren Toleranz bescheinigt, sich selbst aber als distanziert dargestellt und dabei ausgelassen, daß auch er politisch verwickelt war. Zu dem Fontane der Erinnerungen würde der folgende Satz wenig passen; er schrieb ihn aber 1861 an den Verleger Hertz: »Auch ist das *ächte, ideale* Kreuzzeitungsthum eine Sache, die bei Freund und Feind respektiert werden muß, denn sie ist gleichbedeutend mit allem Guten, Hohen und Wahren«. Sollte der Wahlmannskandidat Fontane 1862 auch Reden gehalten haben, wird ihr Inhalt dem ähnlich gewesen sein. Schloß doch schon seine revolutionäre Wahlrede von 1848 neben der »Liebe zum Volk« auch die »Liebe zum König« ein.

»Mit Gott für König und Vaterland!« Unter diesem Motto trat »Herr Fontane« am 28. April 1862 als Wahlmannskandidat der Konservativen im 139. Urwahl-Bezirk zu den Abgeordnetenhauswahlen an. Es waren Krisen-Wahlen im sogenannten Verfassungskonflikt zwischen Regierung und Parlament. Das Manteuffel-Regime, das 1848 die Verfassung und 1849 das Dreiklassenwahlrecht oktroyiert hatte, war 1858 von der liberalen Regierung der sogenannten Neuen Ära abgelöst worden, die 1861, einer kostspieligen Heeresreform wegen, mit dem Parlament in Konflikt geriet. Bei den Neuwahlen im Dezember erlitten die Konservativen eine Niederlage, und als die erstarkte Opposition daraufhin eine Kompetenzerweiterung des Parlaments forderte, löste es der König im März auf und ersetzte die Regierung der Neuen Ära durch eine konservative, die aber auch im neuen Parlament, das im Mai gewählt wurde, keine Unterstützung fand. Bekanntlich endete dieser Konflikt am 22. September 1862 damit, daß Wilhelm I. im Schloß Babelsberg den Konservativen von Bismarck zum Ministerpräsidenten ernannte und dieser dann, wie er am 30. September sagte, die »großen Fragen« nicht »durch Reden und Majoritätsbeschlüsse« zu lösen versuchte, sondern »durch Eisen und Blut«.

Nachdem Fontane schon bei den Herbstwahlen 1861 politisch-praktisch tätig geworden war, als Beisitzer und Stimmenauszähler, trat er im April 1862, gemeinsam mit dem »Herrn Polizei-Lieutenant von Puttkamer«, als Wahlmannskandidat für die Urwähler der »III. Wahl-Klasse«, also der Minderbemittelten, an – und verlor. In den Briefen findet diese Erfahrung merkwürdigerweise kaum Niederschlag, wohl aber später im Werk. 12 Tage vor der Wahl ist von »4 alten Urwählern« die Rede, mit denen er zu Hause »das Wohl von Staat und Stadt« beraten habe, während seine Frau »*geflohen*« wäre: »sie hält es nämlich für möglich, daß wir nächstens vom ›Volk‹ gestürmt werden.« Eine Woche nach der Wahl können auch »die Wagen voll jubelnder Wahlmänner« ihm die gute Laune nicht verderben, aber das muß sich nicht auf ihn selbst, es kann sich auch auf die Wahlniederlage seiner Partei beziehen. Denn davon, daß die Konservativen *seine* Partei sind, ist in dieser Zeit häufig die Rede – so häufig, daß der Verdacht sich einstellt, der Wahlkandidat müsse nicht nur der Frau oder dem Verleger, sondern auch sich selbst die Richtigkeit seiner Entscheidung immer wieder begründen. »Übrigens hab' ich doch auch heute wieder gesehen,« heißt es bei dem Bericht über das Stimmenauszählen, »daß alle ernsten Leute, die nach Zuverlässigkeit, Treue, Charakter, meinetwegen auch ein bißchen nach Fanatismus und Verbissenheit aussehen, Conservative sind; – das andere ist doch der reine Triebsand, der durch die Strömung, wie sie gerade geht, mal hierhin mal dorthin geworfen wird.« Und als ihm, schon nach der mißglückten Kandidatur, in einer Gesellschaft von Liberalen Haß auf die Konservativen entgegenschlägt, erklärt er sich den aus Neid: »Jeder möchte auch gern ein Herr ›von‹ oder ein Graf sein. Unsre Partei umschließt viele Dummköpfe, viele Egoisten, viele Fromm-Hochmütige usw., aber ich habe trotzdem die feste Überzeugung, daß die *größere* Anzahl nobler, bescheidner, opferbereiter und mutiger Charaktere auf *unsrer* Seite steht.«

Daß Fontanes unglückliche Erfahrungen mit Wahlen ihn veranlaßt haben, in »Frau Jenny Treibel« und im

»Stechlin« entsprechende Passagen einzuflechten, ist als sicher anzunehmen; und die Frage, ob der komische Wahlagitator Leutnant a. D. Vogelsang mit Fontanes Mit-Kandidaten von 1862, dem Polizei-Leutnant von Puttkamer, etwas zu tun haben könnte, wäre einer Untersuchung durchaus wert. Vogelsangs »Royaldemokratie«, in der sich König und Volk in der Bekämpfung des Adels (»der immer nur saugt und saugt«) vereinigen sollen, könnte sich dann leicht als eine Persilflage auf eigne Revolutions-Illusionen, die König und Volk mit gleicher Liebe umschlossen, erweisen. Sicher aber scheint die autobiographische Herkunft der Reichstags-Nachwahlen im »Stechlin« zu sein. In dem zur Kandidatur gedrängten Konservativen, der »eigentlich herzlich froh« seine Niederlage zur Kenntnis nimmt, bildet der Autor seine eigne Situation von 1862 nach. Glücklich für unser Thema ist, daß der alte Fontane den alten Stechlin sich gerade am Morgen des Wahltags an den alten Marwitz erinnern läßt, ziemlich genau im Zentrum des Romans.

3. Ganz vorzügliches Buch

»Dieses Buch ist recht eigentlich eine Errungenschaft des Jahres 1848«. so beginnt der ungenannte Herausgeber des zweibändigen Werkes »Aus dem Nachlasse Friedrich August Ludwigs von der Marwitz auf Friedersdorf, Königl. Preußischen General-Lieutenants a. D.« seine Einleitung und spielt damit sowohl auf die Revolution an, die er als »erschütternde – lange noch nicht genug erschütternde – Mahnung« bezeichnet, als auch auf die Konterrevolution, in der sich die Männer, die »das Bekenntnis des sel. Generals v. d. Marwitz theilten, zum festen Kern einer offen hervortretenden Partei« zusammenfanden. Das Buch, so heißt es weiter, werde bei manchen (den Liberalen nämlich) viel Haß erregen, andern (den Konservativen) als »Lebensnahrung« dienen, allen aber als Geschichtsquelle nützlich sein. Denn Darstellungen der »Zeit der höchsten Blüthe des Liberalismus in Preußen«, die sich gegen den damals herrschenden »Despotismus« erklärten, gäbe es wenig – was, aus der konservativen Sprachregelung in die heutige übersetzt, bedeutet: über die Zeit der preußischen Reformen wurde selten von deren Gegnern erzählt. Marwitz wird hier also zum Ahnherr der Konservativen Partei erhoben, (eine Einschätzung, die auch Fontane teilte), und sein Nachlaß wird, wie es sich für eine Partei-Schrift gehört, auf den insgesamt etwa 900 Seiten entsprechend gestutzt. Da Friedrich Meusel ein Menschenalter später eine sauber gearbeitete, mehr als doppelt so umfangreiche Marwitz-Ausgabe vorlegte und Teile der Marwitz-Handschriften erhalten blieben, kann man vergleichen und dabei merken, wie fragmentarisch die Fontane damals vorliegende Auswahl war.

Entgegen der Behauptung des anonymen Herausgebers (von dem schon die Zeitgenossen wußten, daß es sich dabei um Markus Niebuhr, einen Politiker der Manteuffel-Ära, handelte) war der Text nicht nur gekürzt worden, sondern auch entstellt. Meusel versichert, vielleicht etwas übertreibend, mehrere tausend Eingriffe entdeckt zu haben, und daß er im Prinzip Recht hat, zeigt schon ein flüchtiger Vergleich. Die harten Worte, die Marwitz oft für seine Standesgenossen findet, wurden von Niebuhr im Ausdruck gemildert, schroffe politische

Urteile, die ihm nicht paßten, wurden geglättet, und wenn Kritik an Friedrich Wilhelm II. und III. einsetzt, läßt er oft Lücken, die nicht gekennzeichnet sind. Besondere Scheu aber zeigt er vor den harmlosesten Familien-Intimitäten, mögen sie nun marwitzisch, prinzlich oder königlich sein. Unehrerbietige Äußerungen über die Königin Luise (über die Marwitz durch seine zweite Frau, die Gräfin Moltke, ehemalige Hofdame, viele Interna wußte) fehlen bei Niebuhr gänzlich – und sogar Meusel macht, 1908, an einer dieser Stellen noch Striche, die wohl nie ergänzt werden können, da der entsprechende Handschriftenband nach dem zweiten Weltkrieg verlorenging. Bedauerlich ist aber vor allem, daß dieser übertriebenen Diskretion wegen das erzählerische Glanzstück der Marwitz-Memoiren unterschlagen wurde: die Geschichte seiner ersten Verlobung und Heirat mit Fanny Gräfin Brühl. Wer sich darüber wundert, daß Fontane in seinem Marwitz-Kapitel der »Wanderungen« auf das Erzählertalent des Memoirenschreibers nicht eingeht, möge bedenken, daß dieses in der Ausgabe von Niebuhr nur selten zum Zuge kam. Denn die künstlerisch besten Passagen sind die persönlichsten, die Selbsterlebtes zum Gegenstand haben, und die waren für Niebuhr (sicher nicht ohne Mitwirkung der Marwitz-Familie) weitgehend tabu. Wenn der Herausgeber sich wegen Auslassungen überhaupt entschuldigt, heißt es: dieses sei »vom Zorne des Augenblicks zu sehr eingegeben«, jenes würde »zu geheime und schwierige Verhältnisse enthüllen«, oder, wie im Fall der ersten Ehe: »Dieser Teil der Denkwürdigkeiten eignet sich zur Veröffentlichung nicht.«

Sieht man von den Unterschieden im Umfang, in der

Textsorgfalt und der Rücksichtnahme ab, haben die Ausgaben von Niebuhr und Meusel natürlich vieles gemeinsam; denn sie stützen sich auf das gleiche Material. In den zweiten Bänden werden in beiden Fällen die politischen Schriften gesammelt, die sich zum größten Teil gegen die Reformpolitik Hardenbergs richteten, in den ersten Bänden aber wird die Lebensbeschreibung geboten, die sich aus zwei Teilen zusammensetzt: aus den von Marwitz im Alter ausgearbeiteten »Nachrichten aus meinem Leben für meine Nachkommen« und den Notizen des sogenannten »Hausbuches«, einer Art in größeren Abständen geführten Tagebuchs. Dieser erste Band war natürlich der wichtigere, und wer sich im politischen Leben der zweiten Hälfte des 19. Jahrhunderts auf Marwitz berief oder gegen ihn polemisierte, bezog sich auf ihn. Bei den Konservativen, die Marwitz zu ihrem Vorkämpfer gemacht hatten, genoß das Buch fast kanonisches Ansehen, und die Liberalen verachteten es. Neben den Mängeln der damals vorliegenden Ausgabe, verhinderte auch der Parteienhader (der einmal soweit ging, daß der liberale Professor Virchow die unsinnige Behauptung aufstellte, Marwitz habe den Minister Stein an Napoleon verraten), daß Marwitz auch als Mensch und Schriftsteller gewürdigt wurde. Das aber hat Fontane versucht. Vielleicht galt das Buch bei der Kreuzzeitung als eine Art Pflichtlektüre. Fontane hat es so aber nicht gelesen. Auch als seine Parteizeit und sein Konservatismus hinter ihm lagen, hat er es noch geschätzt. 1894, vier Jahre vor seinem Tode, führt er auf die Umfrage »Was soll ich lesen?« mit dem Zusatz: »(ganz vorzügliches Buch)«, auch »General v.d. Marwitz« an.

Ein Jahrhundert hindurch haben die Kinder und Kindeskinder des Generals von der Marwitz dessen Ermahnungen befolgt: Sie haben dem König weiterhin Offiziere geliefert, sie sind immer (was das auch jeweils bedeuten mochte) von konservativer Gesinnung gewesen, und sie haben Schloß und Gut Friedersdorf bis 1945 für sich bewahrt. Eine Persönlichkeit von der Bedeutung des Generals hat es in der Familie nicht mehr gegeben, wohl aber einen talentierten Dichter, der mit Rilke korrespondierte und mit seinem Vorfahren Alexander zweierlei gemeinsam hatte: die Genialität und den frühen Tod im Krieg. Sie starben beide in Frankreich, 1814 und 1918, 27 und 28 Jahre alt. Kommt man heute nach Friedersdorf, findet man von den Reliquien, die Fontanes Träume von preußischen Glanzzeiten stützten, nur noch Reste, und die werden nicht gepflegt. Das während der Kämpfe von 1945 ausgebrannte Schloß wurde 1947 gesprengt und abgetragen, der Park abgeholzt, und der zerschossene Chor der benachbarten Kirche blieb ruinös. Was im unbenutzten Kirchenschiff an Marwitz-Erinnerungen noch vorhanden ist, scheint dem Verfall preisgegeben, und das Erbbegräbnis der Familie, das den Krieg überdauert hatte, wurde mutwillig zerstört.

Um sich vorzustellen, wie das Schloß aussah, als Fontane es im Mai und September 1860 besuchte, ist es also besser, auf eine Ortsbesichtigung zu verzichten und dafür ein Gemälde von Pfannschmidt zu betrachten, das in dieser Zeit etwa entstand. Der vorher barocke, 1828 nach Schinkels Plänen gotisierend veränderte Bau mit seinen zinnengeschmückten Schornsteinen, Traufen- und Giebel-Türmchen steht, hell getüncht, vor dem Grün der Bäume, die die Kirche verdecken; nur die Turmspitze ragt aus den Wipfeln des Parks hervor. Wie Schinkels Entwurf es vorsah, schmücken hochstämmige Rosen die Front des Hauses, und die Rasenflächen zwischen den Wegen lockern Blumenrondells und einzelnstehende Bäume auf. Die vier Kinder des Hausherrn aus erster Ehe (mit einer von Arnim, später kamen, aus zweiter Ehe mit einer Gräfin Itzenplitz, noch 13 weitere dazu) haben sich in farbigen Kleidern auf dem Rasen gelagert; von links her nähert sich ihnen, mit Reithose, Stock, steifem Hut, ganz in Grün, der Chef des Hauses, Rittmeister a. D., Landrat des Kreises Lebus, späteres Mitglied des Preußischen Herrenhauses, Bernhard von der Marwitz, des Generals einziger ihn überlebender Sohn.

Die Annahme, daß Fontane, der sich durch die Tatsache empfehlen konnte, daß er wenige Tage später Redakteur bei der Kreuzzeitung werden würde, von diesem Mann durch Schloß und Kirche geführt wurde, wird durch das im Fontane-Archiv liegende Notizbuch A 8 fraglich; denn hier wird als einzige Auskunftsperson der Kantor des Dorfes genannt. Ob und wie Fontane mit den Schloßherren zurechtkam, verrät er weder hier noch in anderen Kapiteln. Um die »Wanderungen« weitermachen zu können, mußte er den Lebenden gegenüber Diskretion bewahren. Daß der gegenwärtige Adel dem Verklärer des vergangenen Enttäuschungen bereitete, ist anzunehmen; aber davon klingt erst 20 Jahre später im »Wanderungs«-Schlußwort etwas an: Die Adligen seien gräßlich, wenn sie im Reichtstag, liebenswürdig, wenn sie zu Hause säßen, er habe ihnen einerseits »allerglücklichste Stunden« zu verdanken, andererseits aber habe sein Geschriebenes vor ihren Augen niemals Gnade gefunden, doch das ginge auch berühmten Historikern so.

Über die Aufnahme des Marwitz-Kapitels durch die Marwitz-Familie ist nichts bekannt. Sollte die ungnädig gewesen sein, wird das nicht an Fontanes Flüchtigkeitsfehlern gelegen haben, sondern an seinem Bemühen um Objektivität. Denn die Verehrung, die hier schriftlich dem General gezollt wird, ist keine Heiligenverehrung. Fontane verherrlicht nicht nur, er stellt auch in Frage, wägt ab. Der konservative Autor ergreift nicht direkt Partei für den Konservatismus, er stellt nur dessen Existenzberechtigung fest. Daß Marwitz immer mutig seine Meinung sagte, ohne die Konsequenzen zu fürchten, weiß er an ihm zu loben, aber den Inhalt dieser Meinungen verteidigt er nicht. Selbst im Irrtum könnte der Frondeur friderizianischer Schule noch bewundert werden, und daß die Geschichte seinem Gegner, dem politischen Praktiker Hardenberg, recht gab, ändert die Wertschätzung nicht. Denn jedem selbstlos geführten Kampf, resümiert Fontane, haben unsere Sympathien zu gelten, und da die Wahrheit »aus Streben und Irren« geboren werde, habe »auch der Kampf, den Marwitz kämpfte, ... dieser näher geführt.«

Mit diesem Rückzug auf menschliche Haltung entzog sich Fontane der politischen Stellungnahme. Ein Sanspareil, wie die Friedersdorfer Kirche an historischem Interesse, ist das Friedersdorf-Kapitel zwar an Bedeutung für Fontanes Werk geworden; ein Sanspareil an Qualität dagegen wurde es nicht – am wenigsten sein Hauptstück, die Marwitz-Lebensbeschreibung, die die Memoiren nacherzählt. Hier werden die Widersprüche und Probleme nicht benannt, sondern mit Vorsicht umgangen; die Unbedingtheit und Schärfe des Urteils wird an Marwitz gelobt, aber nicht nachgeahmt. Das Bemühen, keine Seite zu verärgern, führt zu gedanklicher Blässe, und das Einerseits-andererseits dringt zu den wirklichen Problemen nicht vor. Den Liberalen verschweigt er, daß Marwitz ein früher Kritiker ihrer Ideen war, der ihre Freiheitsvokabeln, nicht grundlos, mit Verantwortungslosigkeit und Geld übersetzte; und den Konservativen vergißt er zu sagen, daß Marwitz nur im Hinblick auf die Rechte des grundbesitzenden Adels ihr Vorkämpfer war, ihre Frömmelei und ihr Gottesgnadentum aber abgelehnt hätte, weil er gedanklich ganz im Rationalismus des 18. Jahrhunderts wurzelte, und daß er im übrigen nur deshalb so selbstsuchtslos sein konnte, weil die Idee des Rechts, der er wie Michael Kohlhaas nachjagte, die durch Tradierung verinnerlichte Adelsselbstsucht selber war.

Die einzige harsche Kritik, derer Fontane sich nicht enthalten konnte, war die an dem Adelsdünkel seines Idols. Gegen die Intellektuellen-Verachtung des Memoirenschreibers erhebt er Einspruch, und da es ihm ernst damit ist, wird er sogar sarkastisch dabei. Als der Edelmann Goethe begegnet und bei dem Frankfurter Bürgersohn »den freien Anstand des Vornehmen« vermißt, sagt Fontane höhnisch: »Es gebrach ein unaussprechliches Etwas, vielleicht die Hohe Schule des Regiments Gensdarmes.«

In diesem Punkt war Fontane zeitlebens empfindlich. Seine Roman-Adligen später haben diesen unangenehmen Zug nicht. Herr von Stechlin kann seine Schwester

Adelheid speziell ihres Dünkels wegen nicht leiden, und Herr von Vitzewitz hat nichts dagegen, daß die Tochter eines fahrenden Schaustellers seine Schwiegertochter wird.

5. *Vor dem Sturm*

Daß Marwitz für Fontane bis ins hohe Alter von Bedeutung war, liegt einmal an dem Quellenwert, den dessen Memoiren für ihn (und für Generationen von Historikern, bis auf unsere Zeit) hatten, zum andern am Symbolwert dieser Gestalt. Was im »Oderland« über die Kapitulation von Prenzlau im Jahre 1806 zu sagen ist, darf Marwitz sagen, und über die emanzipierte Frau von Friedland wird, neben Thaer, auch er (»eine Quelle, die niemand beargwöhnen wird«) angeführt. Fairerweise wird er *nicht* zitiert, wenn es um Hardenberg geht (»Wer wird Hardenberg nach den Marwitz-Memoiren beurteilen wollen?«), aber sein Charakter wird zum Vergleich herangezogen, mit dem Resultat, daß man zu ihm (und zu Stein) »freudiger und gehobener aufblicken« kann als zu Hardenberg. Auch ein Freiherr von Hertefeld, in den »Fünf Schlössern«, muß sich den Marwitz-Charakter als Muster vorhalten lassen, bei welcher Gelegenheit Fontane (20 Jahre nach dem Friedersdorf-Kapitel) seine Meinung über Marwitz noch einmal, diesmal geraffter, sagt: Er war leidenschaftlich, aufbrausend, in Standesvorurteilen befangen, aber kein Egoist; er hatte den weiten Blick, Sinn für das Ganze, »und wenn es Prinzipien galt oder ein Eintreten für Staat und Stand, so bracht' er jedes Opfer«, aber rücksichtsvoll oder jovial war er nicht.

Nicht die Opposition gegen Hardenberg, die nun mißlich genannt wird, ist für Fontane wichtig, sondern die Wahrheit, Schlichtheit und Klarheit dessen, der opponiert. Das Denken und Rechtsempfinden der friderizianischen Zeit war für Fontane noch einmal in Marwitz verkörpert, und das stach wohltuend ab von der Servilität und der Phrasenhaftigkeit seiner Gegenwart. Marwitz war ein Fridricus-Rex-Mann für ihn, und die haben alle, wie der alte Stechlin sagt, »Herz und Verstand auf dem rechten Fleck«.

Analog zum Hochkirch- und Hubertusburg-Marwitz, hatte Fontane in seinen Notizen zu »Friedersdorf« auch den Begriff des Hagelberg-Marwitz kreiert, ihn bezeichnenderweise in der Ausarbeitung aber nicht angewendet, sicher weil er zu einengend war. Nicht an den Landwehr-Offizier (der 1813 bei Hagelberg siegte) oder den Adelsoppositionellen dachte Fontane, als er, schon 63, »mein Liebling Marwitz« sagte; er hatte wohl mehr einen Idealtypus im Sinn, in den sich auch etwas vom Hubertusberg-Marwitz mischte, einen Mann auf den auch der Grabspruch paßte: »Wählte Ungnade, wo Gehorsam nicht Ehre brachte«, einen Frondeur altpreußischen Zuschnitts also, unabhängig und loyal zugleich.

Von diesem hochinteressanten Charakter hat die Romanfigur Berndt von Vitzewitz, zu der er ursprünglich mal Pate gestanden hatte, wenig nur mitbekommen – leider, kann sagen, wer an Fontanes erstem Roman nicht auch die Behäbigkeit schätzt. Verglichen mit dem Ich der Memoiren, ist die Romangestalt ein Schemen geworden; das Widersprüchliche, Mehrgleisige, Kantige ist ihr mit negativen Charakterzügen zugleich genommen; die Kraftnatur ist zum positiven Provinzhelden verkümmert; aus dem Frondeur, der auch patriotisch war, wurde ein Nur-Patriot. Der unangenehme Standesdünkel nach unten fehlt Vitzewitz ebenso wie der sympathische Adelsstolz, der sich nach oben richtet; aus dem rücksichtslosen Kritiker seiner Standesgenossen, des Königs, des Bürgertums und der gesamten Weltgeschichte wurde ein väterlicher und vaterländischer Schulmeistertyp. Da die Reformer und ihre Gegner nicht vorkommen, kann sich Oppositionelles bei Vitzewitz nur bei der Frage regen: ob der Befreiungskrieg ohne Befehl des Königs beginnen soll oder nicht.

Wäre die Abkehr vom ursprünglichen Plan beim alten Vitzewitz so radikal wie beim jungen, dem Charakter und Schicksal des jüngeren Marwitz zugedacht worden waren, würde man den Vergleich gar nicht ziehen; aber da Bruchstücke des Marwitz-Lebens immer wieder erscheinen, wird man sich der Distanz zwischen dem starken Ur- und dem blassen Abbild ständig bewußt. Marwitz' Heimat, das Oderbruch und seine Umgebung, deren Ortschaften echte, erfundene oder leicht abgewandelte Namen tragen, ist zur Romanlandschaft geworden und nach »Wanderungs«-Art beschrieben, und die Geschichte der Adelsfamilien (die zum Beispiel statt Finkenstein Drosselstein heißen) auch. Die marwitzschen Kindheitserinnerungen an König Friedrich, die schon in den »Wanderungen« zitiert wurden, darf Vitzewitz nach dem Essen auf Schloß Guse (nach Gusow) erzählen, und die Gemahlin von Vitzewitz stirbt nicht nur jung, wie die erste von Marwitz, sie bekommt auch deren Grabspruch: »Hier ruht mein Glück«. Das Testament des alten Marwitz wird, teilweise wörtlich, für das der Vitzewitz-Schwester, der Gräfin Pudagla, verwendet, einschließlich der Ordnung des Trauerzuges, der Kirchenlieder, die gesungen werden sollen, und der Predigt, für die, unter dem Vorwand, das Loben des Verstorbenen zu verbieten, die Art des Lobs genau festgelegt wird. Da in den Memoiren ein Teil des Friedersdorfer Gutshofs abbrennt, ereilt auch den Vitzewitz-Besitz im Roman dies Geschick. In der Fontane bekannten Fassung von Niebuhr ist diese Szene nur stark verkürzt wiedergegeben, im Original aber, die Meusel bringt, entfaltet Marwitz sein starkes Erzähltalent. Dagegen kommt Fontanes Darstellung des Brandes, die romantisiert und harmonisiert, nicht an. Während bei Marwitz die Interessen von Herr und Gesinde hart aufeinanderprallen, Stockschläge und Branntweinprämien die Löscharbeiten in Gang bringen müssen, die Angst vor dem Plündern so stark ist wie die vor dem Feuer, selbstlose Hilfe die Ausnahme bildet und das magische »Besprechen« des Feuers mit ein paar Zeilen abgetan wird, herrscht bei Fontane ein schön-menschliches Miteinander des Helfenwollens und alles läuft auf die Bändigung des Feuers durch Zauber hinaus. Heißt es gegen Schluß bei Fontane: »Ein entzückender Anblick, der dunkelrote Schein, in dem die Flocken tanzten«, so bei Marwitz: »Die Feuerkassengelder waren durchaus unzureichend, um die abgebrannten Gebäude wieder aufzurichten«. Wird hier Realistik verklärt, so anderswo Spannung entschärft. Wenn Vitzewitz nach der Niederlage Napoleons in Rußland zu Hardenberg geht, um ihn, mit teilweise wortwörtlichen Marwitz-Zitaten, zum Losschlagen aufzufordern, fehlt der Szene die Spannung, die sie bei Marwitz hat, weil hier nur der Landedelmann dem Minister gegenübersteht, nicht aber der Reformgegner dem Reformer, von dem er auf die Festung Spandau geschickt worden war.

»Vor dem Sturm« ist (wie der »Isegrimm« von Alexis, der den gleichen Stoff behandelt) kein Roman über Marwitz geworden. Das kann man bedauern, die Feststellung mangelnder Porträtähnlichkeit aber nicht als Kritik benutzen. Marwitz war hier nicht Gegenstand, sondern nur Anreger. Und er hat weiter gewirkt, wenn auch mittelbarer. Reminiszenzen an die Marwitz-Lektüre gibt es auch später. 1878 heißt es in dem Romanentwurf »Die Bekehrten« über eine der Hauptfiguren: »Eine Art Marwitz, aber ohne jede Ideen und Prinzipien«, und der Vierundsiebzigjährige bekannte, daß den stärksten literarischen Einfluß auf ihn »historische und biographische Sachen« ausgeübt hätten, unter anderem die »Memoiren des Generals v.d. Marwitz (dies Buch ganz obenan) ...« Zwei Jahre später schrieb er an seinem letzten Roman, dem »Stechlin«, wo der Alte, der viel von ihm selbst hat, sich am Morgen des Wahltags an Marwitz erinnert, und zwar nicht an den Konservativen oder den Patrioten, sondern an den Menschen, der aufrichtig ist, auch gegen sich selbst. »Hören Sie, Lorenzen, das mit dem Mammon und dem Goldnen Kalb, das sind doch eigentlich sehr feine Sachen ... Und wäre das verdammte Geld nicht, so hätt' ich den Kopf noch weniger hängen lassen, als ich getan. Aber das Geld. Da war, noch unter Friedrich Wilhelm III., der alte General von der Marwitz auf Friedersdorf, von dem Sie gewiß mal gehört haben, der hat in seinen Memoiren irgendwo gesagt: ›er hätte sich aus dem Dienst gern schon früher zurückgezogen und sei bloß geblieben um des Schlechtesten willen, was es überhaupt gäbe, um des Geldes willen‹ – und das hat damals, als ich es las, einen großen Eindruck auf mich gemacht. Denn es gehört was dazu, das so ruhig auszusprechen. Die Menschen sind in allen Stücken so verlogen und unehrlich, auch in Geldsachen, fast noch mehr als in Tugend. Und das will was sagen. Ja, Lorenzen, so ist es.«

6. Die meisten Zitate sind falsch

Angesichts gewaltsamer Interpretationen, die Fontanes Entwicklung in einem arbeiter- und sozialismusnahen Zielpunkt enden ließen, ist die Verführung groß, die Darstellung des Marwitz-Einflusses mit der Behauptung zu krönen, daß ein aufs alte Preußen orientierter Konservatismus bis ans Lebensende der Grundzug Fontaneschen Schaffens war. Zitate, die dies beweisen, sind in Werken und Briefen zu finden, und die Gegenbeweise, die sich auch finden, ließen sich nach bewährten Mustern unterdrücken oder durch ein Zwar-Aber hinweginterpretieren, so daß ein in sich geschlossenes neues (zugegeben: auch uraltes) Lesemodell entstünde, das sowohl der Preußen-Rehabilitierung unserer Tage, als auch dem aller Interpretation innewohnenden Drang nach lehrbarer Eindeutigkeit entspräche – leider aber nicht dem Werk selbst, das sich aller Festschreibung entzieht. Neben einer Fülle von Einzelzügen, wäre Hauptbeleg dieser These die Tatsache, daß Fontane am Ende des Lebens mit dem »Stechlin« und dem »Ländchen Friesack« von seinen großstädtischen und sozialen Stoffen zum Märkischen und Landadligen zurückkehrte und im alten Stechlin das Selbstporträt eines weltoffnen, aber doch konservativen Mannes entwarf. Daß Marwitz' scharfsinnige Kapitalismus-Kritik und Fontanes Bourgeois-Verachtung den gleichen Wurzeln entstammten, ließe sich leicht belegen; kühner, weil weniger aussichtsreich dagegen wäre es, den Nachweis zu führen, Fontanes Erklärung: der »Stechlin« stelle den Adel dar, wie er sein sollte, aber nicht ist, ginge auf Marwitzens Adels-Erneuerungs-Bestrebungen zurück.

Da aber jede erneute (und immer wieder erfreuliche) Fontane-Lektüre mit den Zweifeln an allen Thesen auch die Vermutung nährt, der Zauber fontanescher Prosa hinge auch mit der Mehrdeutigkeit des Gesagten zusammen, scheint es dem Werk angemessener, auf Verallgemeinerungen zu verzichten und dafür auf die feinausgewogenen und ästhetisch notwendigen Widersprüchlichkeiten hinzuweisen, die durch das Verwobensein der rückwärtsgewandten Utopie Alt-Preußen (samt seinem poesiewürdigen Adel) mit einer Vernünftigkeit, die weiß, daß Vergangenes nicht wiederkehrt, entstehen. Im »Stechlin«, wo jede Botschaft, die verkündet wird, auch widerlegt oder zumindest fragwürdig gemacht wird, ist das am schönsten zu sehen. »Unanfechtbare Wahrheiten gibt es überhaupt nicht,« sagt Dubslaw von Stechlin am Romananfang und fährt, sich schon widersprechend, fort: »und wenn es welche gibt, sind sie langweilig« – was für Interpreten also gleich eine doppelte Warnung ist.

Fontanes zugespitzte Sätze darf man nicht wörtlich nehmen, seine Texte nicht ohne den Kontext verstehen wollen. Man darf ihm nicht trauen, dem unsicheren Kantonisten. Gut erzählte Anekdoten sind ihm wichtiger als historische Fakten; dem Reiz unzulässiger Verallgemeinerungen widersteht er selten; und geistreiche Paradoxien zieht er Eindeutigkeiten vor. Wer wird denn nicht mißtrauisch, wenn Fontane behauptet: »Alle Lehrer sind nämlich verrückt«, »Autodidakten übertreiben immer«, »Alle Klosteruhren gehen nach«, »Väter werden fast immer vergessen«, »Frauen mit Sappeurbartmännern sind fast immer kinderlos«, »Portiers können immer«, »Männer – und nun gar wenn sie Prinzipien haben – sind immer alte Ekels« oder »Der Deutsche, wenn er nicht besoffen ist, ist ein ungeselliges, langweiliges und furchtbar eingebildetes Biest«?

Nur wenn er verkündet: »Die meisten Zitate sind falsch« sollte man ihm das, wenn auch mit Abstrichen, glauben; denn auf die seinen trifft es tatsächlich zu. Eine mühselige, aber erheiternde Aufgabe wäre es, aus den »Wanderungs«-Bänden zum Beispiel die vielen fehlerhaften Zitate herauszusuchen und sie zu ordnen in die, die er verkürzt, entstellt, verschönert oder erfindet, denn das alles kommt vor. Es kommt aber noch mehr vor: Zitate nämlich, die er vergißt, als solche zu kennzeichnen, was man landläufig Plagiate nennt.

Um zu zeigen, auf welch unsicherem Boden man sich bei Fontane in dieser Hinsicht befindet, seien hier nur ein paar Beispiele aus dem Marwitz-Bereich angeführt. Das Zitat übers Geld, das vorstehend benutzt wurde, stimmt nicht dem Wort nach, aber doch in der Sache mit dem Original überein. Den Bericht von Marwitz über die Frau von Friedland auf Kunersdorf streicht er (im »Oderland«) von mehreren Seiten auf eine halbe zusammen, stellt Absätze um, fügt Sätze neu, verwendet dabei aber nur Marwitzsche Wörter. In einem Aufsatz von 1895 zu Adolf Menzels 80. Geburtstag dagegen zitiert er

Marwitz, ohne die Memoiren dazu zu Rate zu ziehen. Er läßt ihn 1811, nach seiner Festungshaft, vor seinen König treten, um sich zu rechtfertigen, und der König sagt: »Weiß schon, weiß schon, immer Überzeugungen gehabt haben.« In der Wirklichkeit der Memoiren aber erfolgte diese Begegnung erst 1827, als der alte General aus Krankheitsgründen seinen Abschied nehmen mußte, und der König sagte: »Mir sehr wohl bekannt, immer nach Grundsätzen gehandelt und in allen Verhältnissen gut gedient haben.«

Ist hier, offensichtlich aus dem Kopf, noch recht gut zitiert, so hat der angebliche Marwitz-Text in »Meine Kinderjahre« nur noch sachlich etwas mit dem Original zu tun. »Dieser Lehrer war beschränkt und bequem,« so beginnt das Pseudo-Zitat bei Fontane, und er faßt damit zwei Seiten Beschreibung eines Hauslehrers zusammen, »aber ich verdanke ihm, in Bezug auf historische Fakten und Zahlen, eine Überlegenheit über alle Personen, auch die Klügsten mit einbegriffen, mit denen ich in meinem langen Leben in Berührung gekommen bin. Keiner wußte so sicher wie ich, in welchem Jahre die Schlacht bei Crecy oder Granson oder bei Lepanto gewesen war.« Bei Marwitz dagegen heißen die Sätze, an die Fontane wohl bei seiner Umarbeitung gedacht hatte, so: »Ich gewann dadurch die Fähigkeit, aus dem Stegreife zusammenhängend zu reden und kannte den ganzen Abriß der Weltgeschichte auf das vollständigste. Bei Licht besehen ist seine mühelose Methode gar nicht schlecht gewesen, denn beinahe alle Schüler, die ich von weit besseren Lehrern habe examinieren gesehen, wissen offenbar weniger.«

Genauigkeit gibt es hier also nicht, könnte man im

Fontane-Ton sagen, oder wenigstens selten. Und wenn es sie gibt, hilft das auch nicht weiter, weil anderes wichtiger ist. Und im übrigen: »Man widerspricht sich immer«, »Und wenn ich das Gegenteil gesagt hätte, würde es ebenso richtig sein.«

Deutschland als geistige Lebensform

Rede in Lübeck zur Thomas-Mann-Preis-Verleihung am 6. Mai 1990

»Meine geehrten Zuhörer, – ich weiß nicht, ob ich auf Ihr Verständnis rechnen darf für den vielleicht phantastisch anmutenden Schritt, den ich unternahm, indem ich bitten ließ, mich heute [. . .] hier anzuhören. Dieser Schritt könnte als Anmaßung und Narretei aufgefaßt werden, er könnte – ich mag es kaum aussprechen – dahin verstanden werden, als gäbe es hier jemanden, der nach der Rolle des praeceptor patriae griffe und den neuen Fichte spielen möchte . . . Wir wollen solche lächerlichen Vermutungen ausscheiden.«

Das, sehr geehrte Damen und Herren, sagt nicht etwa der Thomas-Mann-Preisträger dieses Jahres, dem es wahrhaftig nicht anstünde, in seiner Dankrede mit diesem Gedanken auch nur zu spielen, sondern der Meister selbst, 60 Jahre zuvor. Mit diesen Worten nämlich begann er 1930 in Berlin seine »Deutsche Ansprache«, und es entbehrt nicht der Ironie, wenn man sieht, wie hier eine Möglichkeit zwar ins Reich des Lächerlichen verwiesen, aber doch nicht grundlos erwogen wird. Die Vermutung des Redners, man könnte ihn für einen Fichte-Nachfolger halten, läßt den nachträglichen Betrachter (und somit Leser seiner Tagebücher) vermuten, daß ihm dieser Gedanke durchaus wünschbar und schmeichelhaft war. Denn eitel war er. Oder besser: ehrgeizig. Und Ehrgeiz, der sich aufs Werk richtet, ist (wie Heinrich Mann über den Bruder sagt) eine die Selbstsucht veredelnde Tugend. Er hatte den Willen zur Größe. Und ohne den wurde wohl selten wirkliche Größe erreicht.

Wenn er 1942 in sein Tagebuch schrieb, er habe sich für groß nie gehalten, es aber geliebt, mit der Größe zu spielen und auf vertrautem Fuße mit ihr zu leben, so ist auch das nicht ganz ernst zu nehmen; denn wer mit Goethe zum Beispiel vertraulich zu leben vermag, der muß wohl selbst danach sein. Für mich war und ist er ein Großer, der Größte der deutschen Literatur dieses Jahrhunderts; und nie habe ich, wie mancher meiner Altersgefährten, den Wunsch, ihn vom Sockel zu stürzen, gespürt. Seitdem ich ihn (und mit ihm natürlich Lübeck) nach Kriegsende kennengelernt hatte (zuerst, wie es wohl manchem erging, durch den »Tonio Kröger«), sind mir seine Gestalten Begleiter gewesen, Hans Castorp, das Sorgenkind (das nur »zur Abwechslung und ausredeweise« kein Lübecker war) obenan. Durch Thomas Mann vor allem lernte ich den Genuß jener höheren Heiterkeit kennen, jener »spielend leidenschaftlichen Vertiefung ins Ewig-Menschliche«, durch die er Kunst definiert. Wollte ich von den imaginären Linien erzählen, die seine erdachten Leben mit meinem gelebten verbinden, reichte die Zeit, die mir hier zur Verfügung gestellt ist, nicht aus. Die Haltung, mit der das erzählt werden müßte, wäre eine von reiner Verehrung bestimmte, und da die langweilig wird auf die Dauer, will ich von einer umstritteneren Seite des großen Lübeckers reden, die außerdem noch den Vorzug genießt, aktuell zu sein. Es geht mir (Sie ahnten es schon, als mit der »Deutschen Ansprache« begonnen wurde) um Thomas Mann und die Politik, um Thomas Mann und die Deutschen oder auch um Deutschland als geistige Lebensform. Haben uns heute, das ist meine Frage, seine politischen Schriften noch viel zu sagen, und wie wirken heute die Kontroversen, die nach dem Zweiten Weltkrieg mit ihm und um ihn geführt wurden, auf uns – die wir wieder gelernt haben, Deutschland zu sagen und damit das ganze zu meinen, nicht nur seinen größeren und wohlhabenderen Teil.

Ich bin dieser Frage nicht nur deshalb nachgegangen, weil ich mir von der Antwort Bestätigung oder Orientierung erhoffte, sondern auch, weil ich mich zweier Irritationen von damals entsann. Sie hingen mit seinem Verhalten nach Kriegsende zusammen. Es fehlte nicht viel und meine Verehrung hätte Schaden erlitten. Ich war jung damals, gerade dabei, volljährig zu werden; und in diesem Alter ist man der Überzeugung, daß die besten Bücher von den besten Menschen geschrieben werden; man will Autor und Werk wie aus einem Guß.

Thomas Mann hatte in seinem Offenen Brief aus Amerika an Walter von Molo behauptet, daß sämtliche Bücher, die während der Hitlerjahre in Deutschland gedruckt worden waren, nach Schande und Blut röchen und eingestampft zu werden verdienten; und wenn ich auch die Empörung der Inneren Emigration über ihn ansonsten nicht teilte, büßte er doch bei mir, der ich Bergengruen und Reinhold Schneider, Ricarda Huch und Gertrud Le Fort kannte, an Glaubwürdigkeit ein. Mehr noch als dieses, in seiner Absolutheit unrichtige Urteil, irritierte mich aber im Goethe-Gedenkjahr 1949 seine Reise nach Weimar. Nicht daß er sie unternahm, erregte meine Empörung, sondern daß er, wie ich meinte, so blind dabei war. Er genoß die Ehrungen, mit denen man ihn überhäufte, merkte nicht, daß er mißbraucht werden sollte und hielt potemkinsche Dörfer für echt. Was mir da geschah, war der übliche Vorgang enttäuschter Erwartung. Man erhofft sich vom Autor die Vollkommenheit seiner Bücher; die moralischen Werte, von denen sie künden, soll deren Schöpfer auch personifizieren; mit menschlichen Schwächen, denen die Werke abgetrotzt werden, rechnet man nicht. Das Kleiner- aber auch Menschlicher-Werden des Hochverehrten, das heutige Leser in den Tagebüchern erleben, nahm ich damals in Ansätzen vorweg.

Die heutige Aktualität von Thomas Manns politischen Schriften entsteht durch ihre Fixierung auf Deutschland und die Deutschen, auf ein für Deutsche unerschöpfliches Thema also, das auch uns seit Jahren wieder stärker bewegt. Nach dem Streit der Historiker um die Singularität oder Relativierung der deutschen Verbrechen, bewiesen uns realistische Denker, daß die Einheit der Deutschen weder möglich noch nötig und überhaupt mehr ein Unglück wäre, bis dann, über Nacht sozusagen, die konservativen Einheitsträumer, die mehr aus Pflichtbewußtsein als Einsicht standhaft geblieben waren, die Überraschung erlebten, daß ihr Traum realisierbar war. Zufällig ist es nicht, daß in dieser Situation die Rede eines Außenministers sich mit einem Thomas-Mann-Zitat schmückte, das dann, ohne Quellenangabe, in den Zeitungen wiederkehrte. »Man sagt immer«, las ich im »Neuen Deutschland«, »wir brauchen kein deutsches Europa, sondern ein europäisches Deutschland.« Das ist so ähnlich, als wenn man (schon wieder ein Lübecker und sogar einer mit Denkmal!) Emanuel Geibels »Der Mai ist gekommen« als Volkslied bezeichnete: angeblich die Höchstform von Popularität. Das wahre Zitat (aus einem Brief an Annette Kolb) ist im Kontext von 1944 zu lesen, und die Aussage aus dem Offenen Brief an Walter von Molo, Deutschland sei »ein beängstigendes Land«, ist mitzuhören. Es lautet vollständig und richtig: »Deutschland muß verkleinert werden; man muß verhindern, daß es nach allem doch ein deutsches Europa, statt eines europäischen Deutschland gibt.«

Thomas Manns politisches Wirken hatte bekanntlich konservativ und undemokratisch mit den »Betrachtungen eines Unpolitischen« begonnen, denen dann bald, in der Weimarer Zeit, *politische* Betrachtungen folgten, Bekenntnisse zur Demokratie und zur Republik. In einer Epoche, in der man, in einer für uns kaum noch vorstellbaren Weise, streng und pathetisch national oder auch nationalistisch dachte, kreiste auch sein Denken vorwiegend um deutsche Kultur und deutsches Wesen, und auch später als Emigrierter kam er, in Haß und Liebe, davon nicht los. Da gab es vieles, das er deutsch, weniger deutsch oder gar deutscher als anderes nannte; er sprach von *dem* Deutschen, als ob es nur eine Ausprägung von diesem gäbe, und die war von der Romantik, der Innerlichkeit bestimmt. Hatte er sich in den »Betrachtungen eines Unpolitischen« gegen den westlichen, von der Französischen Revolution und der Aufklärung herkommenden Zivilisationsliteraten (das heißt seinen Bruder Heinrich) gewendet, so entdeckte er jetzt, daß der Innerlichkeitskultur (also der seinen) das Soziale, Politische fehlte, um für die Republik reif zu sein. Er argumentiert (und das ist bezeichnend für seine Art, Politisches zu betrachten) mit dem Urtypus des deutschen Erziehungs- und Bildungsromans, dem »Wilhelm Meister«, der nach der Individualerziehung ins Utopisch-Soziale mündet und damit die zu wünschende deutsche Wandlung vorwegnimmt: daß Karl Marx den Hölderlin lesen möge – ein Bild, das häufig zitiert wurde, aber dadurch, wie ich finde, nicht deutlicher wird.

Von Anfang an deutlich dagegen ist seine Ablehnung des extremen Nationalismus, dessen Gefährlichkeit er spätestens beim Rathenau-Mord erkennt. Dieses Ereignis ist ihm Anlaß für seine erste politische Rede (»Von deutscher Republik«), in der er wunderlicherweise durch Novalis die intellektuelle Jugend für die Demokratie begeistern möchte, und von diesem Jahr an (1922) reißt sein Interesse für Politik nicht mehr ab. Zwar denkt er mehr kultur- und geistesgeschichtlich als im strengen Sinne politisch, und da er sich seine eigne Begriffswelt erfindet, wird seine Meinung zum Tagesgeschehen nicht immer ganz deutlich, aber in dieser Regel gibt es doch eine Ausnahme: die Bewegung der Völkischen mitsamt dem Aufsteiger Hitler lehnt er, da sie die Humanität, sowohl im klassischen als auch im christlichen Sinne, verwerfen, als irrational und barbarisch von Anfang an ab. Doch werden auch seine Kommentare zu Tagesfragen von einem Jahr zum andern präziser. Er würdigt die Amtsführung Eberts, verehrt Stresemann, warnt davor, den Generalfeldmarschall zum Reichspräsidenten zu wählen, und als sich gegen Ende des Jahrzehnts die Gunst der Wähler immer mehr auf die rechten und linken Extreme verlagert, wird er durch seine »Deutsche Ansprache« (die so heftig von SA-Leuten unter der Leitung von Arnolt Bronnen, gestört wird, daß er gezwungen ist, den Berliner Beethovensaal mit Hilfe von Bruno Walter durch einen Hinterausgang der Philharmonie zu verlassen) tatsächlich zum Praezeptor Deutschlands, indem er in diesem »Appell an die Vernunft« den bürgerlichen Wählern als republiktreue Partei die Sozialdemokratie empfiehlt.

Das war im Oktober 1930. Vier Wochen vorher waren die verhängnisvollen Reichstagswahlen gewesen, in denen die Nationalsozialisten die Zahl ihrer Mandate von 12 auf 107 hatten erhöhen können; die staatstragende Mitte, zu der Thomas Mann sich bekannte, bröckelte immer mehr ab. Als Repräsentant einer Republik, die nur wenige liebten, konnte der Nobelpreisträger, der, um der Humanität willen, die traditionelle Politikabstinenz des Bildungsbürgers durchbrochen hatte, bei seinen Verständigungsreisen ins Ausland Triumphe feiern, zu Hause aber wurde er angegriffen, und zwar nicht nur von fanatischen Rechts- und Linksaußen, sondern auch von den Germanisten, der »akademisch-professoralen Sphäre«, der er in der »Deutschen Ansprache« bescheinigt hatte, daß sie der Hitlerpartei geistig die Wege bereitet hatte, durch völkische Romantik, »Nordgläubigkeit«, »verschwärmte Bildungsbarbarei« und »mystischen Biedersinn«. Er war also allseitig umstritten, als er ins Exil gehen mußte; und als die zwölf bösen Jahre herum waren, fing der Streit um den berühmtesten der lebenden deutschen Autoren gleich wieder an.

Die Kontroverse, die 1945 und in den kommenden Jahren zwischen Thomas Mann und Autoren der sogenannten Inneren Emigration entbrannte, liest man heute mit Unbehagen, weil so viel Mißverständnis, Rechthaberei und Infamie darin ist. Beiden Seiten (dem einen in Kalifornien und den vielen in Deutschland, genauer: in den Westzonen, denn den östlichen Deutschen war es nicht erlaubt, sich zu äußern) muß man zwar das Recht zubilligen, sich gegen Einäugigkeit oder gar Blindheit zu wehren, doch vermißt man bei beiden den Willen, den anderen auch zu verstehen. Man rechtfertigt sich und macht Vorwürfe, Mitleidslosigkeit und Leidensstolz sind zu spüren – und (wie leider bei Autoren so häufig) der reine Neid. Mit eindeutiger Sympathie ist der Leser auf keiner Seite; fragt man aber danach, wer den genaueren Blick für die Deutschen hatte, so fällt das Urteil nicht schwer. Bei allem Widersprüchlichen und unzulässig Pauschalen sah der Emigrierte doch klarer als seine Widersacher die nie verjährende Schuld der Deutschen, die in deren Bewußtsein erst langsam eindringen konnte und an die zu erinnern auch heute noch nötig ist. Sein »Doktor Faustus« klingt an, der deutsche Pakt mit dem Teufel; und referiert wird sein Vortrag über »Deutschland und die Deutschen«, mit dem er den Amerikanern das Rätsel deutschen Wesens zu erklären versucht. Da gibt es keine Zweiteilung Deutschlands in Gut und Böse, vielmehr kommt oft aus dem einen das andere und aus dem anderen das eine, so daß er das böse Deutschland als das »fehlgegangene gute« erklärt. Er spricht von Briefen, die ihn nach Kriegsende aus Deutschland erreichten, rührende oft, die »lange verschwiegene Anhänglichkeit« zeigten, die aber mit dem Mangel behaftet waren, daß sie sich gaben, als seien »diese zwölf Jahre gar nicht gewesen«, so unschuldig naiv.

Was Thomas Mann damals sah, erkannten viele von uns erst Jahre oder Jahrzehnte später; das eigne Elend, die Aufbaujahre und die Rolle, die das zwar kleiner gewordene, aber nun doppelte Deutschland in der Konfrontation der Sieger zu spielen hatte, ließen uns keine Zeit dazu. Die Geschichte, so scheint es, gibt wenig Gelegenheit zur Besinnung. Ich fürchte, das ist eine Erfahrung, wie wir sie im Augenblick in der DDR wieder machen, in einer Umbruchsituation also, die nicht in bezug auf die Schwere von Schuld und Verbrechen, wohl aber im psychischen Reagieren der einst Mächtigen, Ohnmächtigen oder Verstrickten mit der von damals vergleichbar ist. Man bereut nicht, vergibt nicht, wird sich nicht klar über das wiederum fehlgeleitete Gute, hält Reden, schreibt Briefe, als sei nichts gewesen, sorgt sich um Brot, Wohnung, Stellung, hat Mühe, sich in der täglich verändernden Umwelt zurechtzufinden, kann, der sich überstürzenden Ereignisse wegen, nicht dazu kommen, sich auch nur zu erinnern, und schleppt am Ende die böse Vergangenheit unbewältigt mit sich herum.

Als Thomas Mann, von vielen Anfeindungen aus dem Westen begleitet, im Juli 1949, um Goethe zu ehren, nach Weimar reiste, kam er mit dieser Vergangenheit auch in Berührung – und war nun seinerseits wieder (was ich damals erschreckend fand und heute verzeihlich finde) für das hier aus guter Absicht entstehende Böse blind. Geleitet wurde er dabei von subjektiver Erfahrung. Nicht die russischen Kommunisten, sondern die deutschen Nazis hatten ihn geschmäht und vertrieben; nach dem Krieg waren alle Angriffe auf ihn aus dem Westen gekommen, aus dem Osten aber waren nur Lobeshymnen zu hören gewesen; vor seinem Auftritt am Main hatten ihn Drohbriefe geängstigt, die reine Ehrerbietung dagegen kam von der Ilm. Seine Natur sei es gewesen, zu repräsentieren, hatte Bruder Heinrich zu seinem 70. Geburtstag geschrieben. »Wo ich bin, ist die deutsche Kultur«, soll er (nach der gleichen Quelle) bei der Ankunft in den Vereinigten Staaten geäußert haben – und man muß es glauben, wenn in der »Lotte in Weimar« der (seinem Autor sehr ähnliche) Goethe erklärt: »Sie meinen, sie sind Deutschland, aber ich bins, und gings zugrunde mit Stumpf und Stiel, es dauerte in mir.« Das aber schien, als Hitler der Teufel geholt hatte, der größere Teil der Nation nicht anzuerkennen; man war nicht bereit, den Emigranten, der kaum sein Heimweh, mit Nachdruck aber die deutschen Verbrechen erwähnte und der nicht heimkehren wollte, als Repräsentanten seiner Kultur zu sehen. Da war die Verführung groß, den Beherrschern des anderen Teils die Versicherung zu glauben: hier erkenne man widerspruchslos seine unvergleichliche Größe an.

In der sowjetisch besetzten Zone, die zwei Monate später zur DDR werden sollte, hatte man weder Kosten noch Mühen gescheut, um Thomas Mann einen Empfang zu bereiten, wie ihn wohl kein anderer deutscher Autor jemals erlebte, so triumphal, aufwendig und unpassend zugleich. Staatsmänner, Staatsdichter, Geistliche, Dorfbürgermeister und Schulkinder – alles war aufgeboten, was Blumen und Spruchbänder tragen, singen, Trompete blasen, trommeln, winken und Begrüßungsansprachen halten konnte. Ein Volk von angeblichen Thomas-Mann-Lesern war in Thüringen auf den Beinen. Der Chauffeur des Dichters, der getreulich Tagebuch führte, weiß von dichten Menschenspalieren, girlandengeschmückten Ortschaften und einem Blumenregen in jedem Dorf zu erzählen – und er so wenig wie der Gefeierte (dessen Charakterisierung des Spektakels im Tagebuch lautet: »unbeschreiblich und phantastisch«)

läßt sich die Freude darüber durch den Gedanken verderben, daß hier nicht nur ein perfekter Organisator, sondern auch angstgetriebener Gehorsam am Werke war. Einmal, noch auf der Hinfahrt, wird die vorbereitete Route verlassen, und ein glücklicher Zufall (der dann auch im Tagebuch vermerkt wird) will es, daß die Wagenkolonne in Plauen einer Thomas-Mann-Straße begegnet – worauf der Leiter der Ehrenabordnung, Johannes R. Becher, erfreut über diese Fügung, mit potenziertem Zynismus Thomas Mann lachend zuruft: »Nur Potemkinsche Dörfer, alles gestellt!«

Daß dem Gefeierten, der nach Weimar gekommen war, um Goethe zu feiern, bei aller Beifallsbegier doch das Problematische der Reise bewußt blieb, davon zeugt nicht nur die Bemerkung im Tagebuch: »Mein Vortrag akklamiert bei der Stelle über Freiheit und Recht«, sondern auch der Rechtfertigungsbrief an den schwedischen Journalisten Paul Olberg, der mich, wenn er mir damals bekannt gewesen wäre, noch tiefer verbittert hätte, weil er auch in politischen Fragen Thomas Manns starke Selbstbezogenheit zeigt.

Paul Olberg hatte den Dichter in einem Offenen Brief an Unterdrückung und Zwang in der sowjetisch besetzten Zone erinnert, ihn auch, wie vor der Reise schon Eugen Kogon, auf das Weimar benachbarte Konzentrationslager Buchenwald hingewiesen, in dem nun erneut politische Häftlinge saßen, und ihn gefragt, ob er bei Kommunisten billige, was er bei den Nazis verurteilt hat. Zustimmen wird man Thomas Mann können, wenn er sich in der Antwort jeden pauschalen Vergleich zwischen der »Niedertracht des Faschismus« und dem »Menschheitsgedanken des Kommunismus« verbittet.

Wenn er aber konkret auf die Verhältnisse in der Ostzone eingeht, wird es für jeden seiner Verehrer peinlich, weil er teils nachredet, was ihm die Oberen in Weimar weismachten, teils aber zum Kriterium für Gut und Böse die Anerkennung seiner eignen Bedeutung macht. »Der autoritäre Volksstaat«, heißt es da in einer eigens dafür erfundenen Benennung, habe zwar »seine schaurigen Seiten«, erzeuge aber die »Wohltat«, daß »Dummheit und Frechheit [. . .] das Maul halten« müßten. »Schimpfartikel« und »Schmähbriefe« gegen ihn seien dort nie vorgekommen. »Habe ich das allein der Drohung Buchenwalds zu danken – oder einer Volkserziehung, die [. . .] Sorge trägt für den Respekt vor einer geistigen Existenz wie der meinen?« – so fragt er rhetorisch und singt dann ein Loblied auf die Volksbildung in Stalins Bereich.

Er hat, so muß der Gerechtigkeit halber vermerkt werden, die Behauptungen dieses Briefes in den kommenden Monaten mehrfach zurückgenommen und sie durch momentane Gereiztheit erklärt. Er hat auch, ein Jahr später, als die sowjetischen Internierungslager in Buchenwald, Sachsenhausen, Fünfeichen (an das später Uwe Johnson erinnerte) und vielen anderen Orten aufgelöst, die Gefangenen (unter denen neben Nazis auch Sozialdemokraten und andere Regimegegner waren) in deutsche Hände gegeben und in den berüchtigten Waldheimer Prozessen zum Teil zum Tode verurteilt wurden (nebenbei gesagt: alles Terrormaßnahmen, die von DDR-Nostalgikern, die den moralischen Niedergang einzig Honecker und Mielke anlasten wollen gern verschwiegen werden) – Thomas Mann also hat damals an Ulbricht einen Brief geschrieben, in dem er sich für die Gefangenen einsetzte und die Prozeßführung in Waldheim mit der von Freislers Volksgerichtshof verglich. Der Brief an Olberg war also eine Trotzreaktion des Siebzigjährigen auf die nicht gerade erfreuliche westdeutsche (und auch amerikanische) Geisteslage. Es war aber auch der Versuch, sich nicht in den Kalten Krieg hineinziehen zu lassen. Er suchte den Ausgleich, wollte die Mitte halten, die für ihn der natürliche Standpunkt des geistigen Menschen war. Dem Fanatismus eines McCarthy, der Freiheit und Toleranz, die er vorgab zu schützen, in Wahrheit bedrohte, setzte er die Vernunft entgegen, die er (und man kann wohl sagen mit Recht) an der eignen maß.

So gesehen, meine Damen und Herren, gewinnt auch die Selbstbezogenheit dieses Großen an Größe, scheint dieses ewige Kränkeln und Gekränktsein, die Sucht nach Beifall, der Repräsentationseifer, die von uns Tagebuchlesern naserümpfend bemäkelt werden, notwendiger Bestandteil eines schöpferischen Prozesses zu sein. Er geht künstlerisch oder politisch von der eignen Person aus und trifft doch mehr als nur Subjektives. In »Lübeck als geistige Lebensform«, wo es auch nicht gerade bescheiden zugeht, kann man darüber ausführlich lesen. »Man gibt das Persönlichste«, heißt es da, »und ist überrascht, das Nationale getroffen zu haben. Man gibt das Nationalste – und siehe, man hat das Allgemeine und Menschliche getroffen – mit viel mehr Sicherheit getroffen, als wenn man sich den Internationalismus programmatisch vorgesetzt hätte.«

Das Nationalste (nicht im Sinne von Nationalismus, sondern von Gekettetsein an die Herkunft) hat Thomas Mann im Fühlen und Denken, in Themenwahl und Gestaltung immer gegeben, auch als er amerikanischer

Staatsbürger wurde und in Radioansprachen gegen das Deutschland Hitlers zu Felde zog. *Sein* Deutschland, dessen Kultur er auch im Exil repräsentierte, war eines, zu dem seine Begriffe von Bürgerlichkeit, Sittlichkeit und Humanität gehörten und das er sich früh schon nur als Teil eines Größeren vorzustellen vermochte, als »Abwandlung und Spielart« einer höheren Einheit: der europäischen Solidarität. Lübeck, Deutschland, Europa – schon 1926 wird seine geistige Lebensform in diesen Dimensionen bemessen. 1944 spricht er, wie schon erwähnt, von einem europäischen Deutschland (und wiederholt das 1953 in seiner Ansprache vor Hamburger Studenten); und als er 1949 als Gast in die alte Heimat zurückkommt und diese gespalten findet, ist er eitel und selbstbezogen genug, den Eisernen Vorhang für sich, den Vertreter der ganzen Kulturnation, nicht anzuerkennen. »Ich«, heißt es selbstbewußt in der »Ansprache im Goethejahr«, »kenne keine Zonen. Mein Besuch gilt Deutschland selbst, Deutschland als Ganzem, und keinem Besatzungsgebiet.«

Das war nicht nur ein stolzes Wort (auf das überdies auch die Tat, nämlich die Reise zum Frauenplan folgte), es war auch, wie heute sicher ist, zukunftsträchtig – wenn auch die Zukunft, die wir jetzt erleben, weniger im Zeichen Goethes als in dem der D-Mark zu stehen scheint. Dieses Wort wird nicht dadurch entwertet, daß damals auch Adenauer und Ulbricht, freilich in anderem Sinn und mit anderen Tönen, von Einheit sprachen. Deren Reden liegen heute in Archiven und Bibliotheken begraben; Thomas Manns Werk aber blieb erstaunlich lebendig, so daß man als Literat, zu dessen Berufsbild gehört, ständig an der Wirkung von Literatur zu zweifeln, in diesem Fall guten Grund hat, mit Zuversicht in der Stimme zu sagen: Was bleibet, stiften anscheinend die Dichter doch.

Als (um zum Schluß noch einmal auf Lübeck, von dem alles ausging, zurückzukommen) der lokale Dichterfürst Emanuel Geibel das Zeitliche segnete, fragte (auf Platt natürlich) ein Kind seine Mutter: Wer kriegt nun die Stelle, wer wird nun Dichter? Thomas Mann, als er die Anekdote erzählte, wich der Antwort erstaunlich bescheiden aus: Er dichte ja nicht, schreibe nur naturalistische Prosa und gelte überdies noch als Nestbeschmutzer. Ich aber, geneigte Zuhörer, der ich Ihnen für Ihre geduldige Aufmerksamkeit so herzlich danke wie der Hansestadt für die Preisverleihung, kenne natürlich die Antwort auf diese Kinderfrage und glaube zu wissen, daß der, in dessen Namen wir hier festlich zusammensitzen, die Stelle so bald nicht wieder verliert.

Als der Krieg ausbrach

Über Heinrich Böll

1.

Am 19. Mai 1939 ließ sich Hitler an der Westgrenze des Reiches von Aachen bis Kehl fahren, um die neuerbaute Verteidigungslinie, den sogenannten Westwall, zu inspizieren; Goebbels überließ er es, ihn in Köln, in den Messehallen, seiner Friedensliebe wegen zu loben. »Der Führer ist ein Friedensfreund. Er will wirklich den Frieden«, beteuerte er. Vier Tage später aber weihte Hitler die Generäle in seine Blitzkriegsabsichten schon ein: Es gehe ihm nicht um Danzig, sondern um »Lebensraum« im Osten; um einen Krieg komme man nicht herum.

Blättert man heute in der Chronik dieser Tage und Wochen vor 50 Jahren, scheint nicht nur (da man den Ausgang kennt) jedes Detail mit Bedeutung geladen, sondern man spürt auch, daß die Vergangenheit bis in die Gegenwart wirkt: Auf Kraft-durch-Freude-Schiffen kehrt die »Legion Condor« aus Spanien zurück und paradiert in Berlin Unter den Linden. Am Muttertag wird das »Ehrenkreuz der deutschen Mutter« gestiftet, und das Konzentrationslager für Frauen in Ravensbrück wird zur gleichen Zeit etwa gebaut. Der Bau der Autobahn von Breslau nach Wien wird begonnen, und das erste Turbinenflugzeug macht seinen Jungfernflug. Hitler läßt sich von Ferdinand Porsche über den Fortgang der Arbeit am Volkswagenwerk informieren, er eröffnet die Deutsche

Kunstausstellung in München und nimmt, wie alljährlich, an den Bayreuther Festspielen teil. Mitglieder des deutschen Exil-PEN werden im Weißen Haus von Präsident Roosevelt empfangen. Im New Yorker Hotel »Mayflower« nimmt sich Ernst Toller das Leben, und Joseph Roth stirbt in einem Pariser Armenhospital. Jüdische Reisebüros dürfen nur noch die Auswanderung von Juden betreiben, und mehr als 1000 von ihnen irren monatelang auf den Dampfern »Orinocco« und »St. Louis« über die Weltmeere, weil kein Land die Flüchtlinge aufnehmen will. Die Vertragsverhandlungen zwischen der Sowjetunion und den Westmächten scheitern. Ribbentrop fliegt nach Moskau. Treibstoffe, Brennstoffe, Spinnstoffe und Lebensmittel werden bezugsscheinpflichtig. Reservisten werden zu (wie es heißt) »Herbstübungen« eingezogen – unter ihnen der Student der Kölner Universität Heinrich Böll.

»Als der Krieg ausbrach,« schreibt er zweiundzwanzig Jahre danach in einer autobiographischen Kurzgeschichte, »lag ich im Fenster, hatte die Hemdsärmel hochgekrempelt, blickte über Toreinfahrt und Wache hinweg in die Telefonzentrale des Regimentsstabes und wartete darauf, daß mein Freund Leo mir das verabredete Zeichen geben würde ...« Aber das Zeichen kommt nicht. Es entsteht Aufregung in der Zentrale. »Dann sah ich, wie ein Telefonist seinen Stahlhelm vom Klappenschrank nahm und ihn aufsetzte; er sah lächerlich aus, wie er da saß, schwitzend im Unterhemd, die Erkennungsmarke baumelnd, mit dem Stahlhelm auf dem Kopf – aber ich konnte nicht über ihn lachen; mir fiel ein, daß Stahlhelmaufsetzen so etwas wie ›gefechtsbereit‹ bedeutete, und ich hatte Angst.«

Es ist der vorletzte August-Sonntag. Während sich der Soldat Böll in der Erzählung mit dem Aus-, Ein- und Umladen von Stiefeln beschäftigt, werden in Bernau bei Berlin an die SD-Truppe, die den Vorwand zum Krieg liefern soll, polnische Uniformen ausgegeben und polnische Befehle eingeübt. Wenn in den letzten Tagen des Monats der Pakt zwischen Hitler und Stalin perfekt ist und die Oberbefehlshaber der Wehrmacht Hitlers Kriegspläne widerspruchslos akzeptieren, schläfert (in der Erzählung) die Eintönigkeit des Kasernenlebens die Angst langsam ein. Hosen und Unterhosen, Kragenbinden und Kochgeschirre müssen an die ankommenden Reservisten verteilt, deren Pappkartons mit den Zivilsachen verladen werden. Einer wird zum Gefreiten befördert und versucht vergeblich, den Winkel, auf den er stolz ist, gerade auf den Ärmel zu nähen. Ein anderer muß immer wieder den Unterschied zwischen Dienstrang und Dienststellung erklären, während die Reservisten unter den Klängen von »Muß i denn, muß i denn« zum Bahnhof marschieren.

Der letzte August-Sonntag, der letzte im Frieden, ist, trotz Kirchgang, von gähnender Langeweile. »Es war noch heißer, noch stiller, die Kasernenhöfe waren noch leerer, und nichts hat je meiner Vorstellung von Hölle so entsprochen wie heiße, leere, stille Kasernenhöfe.« Man macht seinen Dienst, schläft, ißt, redet über »die vorzügliche Qualität der Butter« und merkt den Ernst der Lage vor allem daran, daß es Zigaretten ohne Bezahlung gibt. Es passiert wenig in dieser Erzählung, die trotz ihres Titels (»Als der Krieg ausbrach«) *vor* Kriegsausbruch endet. Erst zwei Tage später werden Deutsche in polnischen Uniformen den deutschen Sender Gleiwitz erstürmen, die Lüge »Seit 4 Uhr 45 wird zurückgeschossen« wird dann erst verbreitet werden; doch Leo, der Telefonist, ist schon tot. Der Krieg, so läßt uns diese Erzählung wissen, hat nicht erst am 1. September 1939 begonnen. Bölls Mutter hatte schon Recht, als sie bei Hitlers Ernennung zum Reichskanzler sagte: Das ist der Krieg! – Der Telefonistenposten des Deserteurs Leo wird am Schluß vom Erzähler eingenommen. »Ich ging nach rechts hinüber, wo das dunkle Grau [der Kolonne] ein wenig heller wurde; beim Näherkommen erkannte ich sogar Gesichter. Ich stellte mich ans Ende der Kompanie. Irgend jemand schrie: Rechtsum – im Gleichschritt marsch!, und ich hatte kaum meinen Fuß hochgehoben, da stimmten sie ihr Muß i denn schon an.«

1939. 1945. »Als der Krieg ausbrach«. »Als der Krieg endete«. Diese Erzählungen, nacheinander geschrieben und zusammen erschienen, sagen vom Grauen des Krieges wenig, viel aber von der Banalität, mit der das Grauen sich äußert, und auch vom Grauen der Banalität. Der ganze Böll ist in ihnen, mit seiner Wahrhaftigkeit, seinen Vorurteilen und seiner Güte. Und während die Liebesgeschichte, die auch erzählt wird, mit einem Happyend endet, ergibt der innere Zustand der Deutschen ein düsteres Bild. Die Gunst der Stunde, nämlich die militärische Niederlage, die moralischen Gewinn hätte bringen können, bleibt ungenutzt. Vom Nationalsozialismus versucht man wenigstens noch den Nationalismus zu retten. Der kindische Stolz auf Rangabzeichen und Orden ist ungebrochen. Nach sechs Jahren Krieg kehrt man geschlagen und halb verhungert zurück und hat nichts begriffen. Wer Scham oder Reue empfindet, wird angefeindet und isoliert. Der Krieg, der schon begonnen hatte, ehe er anfing, ist mit seiner Beendigung nicht zu Ende, und nicht nur in den Trümmern der Städte und dem Schmerz der Witwen und Waisen lebt er noch fort.

2.

Böll hat später manchmal die große Bedeutung des Kriegserlebnisses für sein Schaffen geleugnet und andere Fragen (wie sein durch die Wirtschaftskrise der zwanziger Jahre geschärftes Empfinden für soziale Ungerechtigkeiten zum Beispiel) ins Zentrum gerückt. Vielleicht tat er das, weil er dem Krieg einen so positiv wirkenden Aspekt nicht zubilligen wollte, vielleicht auch, um sich gegen die Behauptung zu wehren, daß der Moralist den Künstler oft dominiert. Aber das Werk widerlegt ihn. Auch seine Sozialkritik und sein kritischer Katholizismus sind vom Kriege gezeichnet, von diesem einen, dem Hitler-Krieg, den Deutsche begonnen, geführt und verloren haben, in dem Verbrechen einmaligen Ausmaßes geschahen, auch wenn das Leuten, die am Vergessen interessiert waren und deshalb, wie es bei ihm heißt, »systematisch ihre Erinnerungen geschlachtet« hatten, nicht gefiel.

Geboren wird er im Kriegs- und Hungerjahr 1917, während sein Vater Landsturmmann ist. Die erste Erinnerung ist der Rückzug von Hindenburgs Truppen, die an der Wohnung vorbei zu den Rheinbrücken marschieren. Das Kind erlebt die Besatzungssoldaten, der Jugendliche den Krieg der SA auf den Straßen; in der Schule ist vom Krieg als dem Vater aller Dinge die Rede; und 1936 kehren die grauen Kolonnen, die bald der Schrecken Europas sein werden, über die Rheinbrücken in die entmilitarisierten Gebiete zurück. Sechs Kriegsjahre lang muß er nun die Uniform tragen, schlampig, mit baumelnder Kragenbinde, wie er uns überliefert hat. Erst wenn er diese bittere Erfahrung hinter sich hat (ohne übrigens, wie sich bei ihm von selbst versteht, militärisch Karriere zu machen), beginnt er zu schreiben. Ein Schriftstellerleben lang schöpft er aus diesem Erfahrungsfundus – den allerdings die Entwicklung der kommenden Jahre einschlägig vermehrt. »Da wußte ich, daß der Krieg niemals zu Ende sein würde, niemals, solange noch irgendwo eine Wunde blutete, die er geschlagen hat«, heißt es in einer seiner ersten Geschichten (»Die Botschaft«) – und wie man weiß, hörten die Wunden so bald nicht auf zu bluten, auch wenn sie verhüllt oder vergessen wurden; und Böll, der in seinem klassisch gewordenen »Bekenntnis zur Trümmerliteratur« von 1952 »ein gutes Auge« als wichtiges Handwerkszeug des Schriftstellers bezeichnet hatte, war einer, der all das Unverheiltgebliebene bei den tüchtigen Deutschen, die ihre Trümmer so schnell schon beseitigt und schneller noch ihre Schuld verdrängt hatten, auch sah. Auf seine Kriegserfahrungen aufbauend konnte er in den kommenden Jahrzehnten zum Kritiker der bundesdeutschen Entwicklung werden, mit seinem erzählenden sowohl, als auch mit seinem essayistischen Werk. Beides lebt von Erinnerung, von individueller Erfahrung also, die, wie die Wirkung bewies, eine kollektive war.

Das Fronterlebnis tritt vorwiegend im Frühwerk auf; seine Darstellung ist die seiner Sinnlosigkeit; keine wie immer geartete Rechtfertigung gilt. Da gibt es kein

Hartwerden in Stahlgewittern, keine Reifung durch den Kampf als inneres Erlebnis, keine Läuterung durch Leiden, keine Erkenntnisvermehrung und schon gar nicht ein Loblied der Kriegskameradschaft. Nichts am Krieg ist heroisch. Wenn sich irgendwo Menschlichkeit zeigt, hat sie der Krieg nicht hervorgebracht, sondern übriggelassen; sie wird von den Erniedrigten und Beleidigten, den Verweigerern und den Außenseitern bewahrt.

Diese sind es dann auch, die in den Werken der späteren Jahre die Last des historischen Wissens um die schuldhafte deutsche Vergangenheit tragen und damit die Utopie eines menschenwürdigen Daseins bewahren, das auf Vertrauen, Nachbarschaft, Liebe basiert. Denn sie vollbringen die zum Menschlich-Bleiben notwendige Trauerarbeit; vollbringen sie stellvertretend für eine Gesellschaft, die sich auf Leistung, Erfolg, Nützlichkeit und Vergessen gründet, und der durch die Außenseiter ihre verdrängte Vorgeschichte vor Augen gerückt wird. Erinnerung wird so zur Widerstandshandlung. Bölls eindrucksvoller Essay gegen die Wiederaufrüstung, der »Brief an einen jungen Katholiken«, bezieht aus ihr seine Wirkung, und in fast allen Romanen, bis hin zum letzten, wird die Gegenwartshandlung von ihr grundiert.

Seine Außenseiter sind aber auch die Menschen, die selbst- und bedingungslos lieben können, und als solche leben sie die Utopie von Menschlichkeit vor. Anpassern, die sich von außen bestimmen lassen, muß solche Liebe (auch solche tätige Nächstenliebe) romantisch verstiegen oder asozial vorkommen; denn sie ist mit Leistungsverweigerung verbunden, durch die sich der Einzelne gegen die Einvernahme durch den Staat und die Profit- und

Konsum-Gesellschaft wehrt. Sein Selbst, seine Sensibilität zu erhalten, ist dem Liebenden wichtiger, als Geld und Erfolg zu haben. Er schützt sein Privates. Aber immer bei Böll wird das Private politisch. Die Liebesgeschichte weitet sich zu Geschichte; und wenn er autobiographisch erzählt, wird durch die Konkretheit der Einflüsse und Widerstände mehr als die Geschichte seines Lebens und seiner Ansichten daraus. Auch in seiner Publizistik wird oft die Verteidigung des individuellen Freiheitsraums gegen die Macht der Institutionen zum Thema. Schon 1952 hieß es in dem »Bekenntnis zur Trümmerliteratur«: »Es ist unsere Aufgabe, daran zu erinnern, daß der Mensch nicht nur existiert, um verwaltet zu werden ...« – und wie kein anderer hat Böll diese Erinnerungsaufgabe dann auch erfüllt.

3.

Er war ein Autor von Weltgeltung, der aber natürlich für alle Deutschen besondere Bedeutung hatte, durch seine Bücher und durch seine Person. Für mich ist er früh schon wichtig gewesen, weil ich mich in den Figuren seiner Geschichten wiedererkannte, er meine diffusen Gedanken zur Nachkriegsentwicklung klärte und mein Unbehagen über die Wiederbewaffnungen Wort werden ließ. Deutlich hat er meine ersten Schreibversuche beeinflußt. Er hat mir gezeigt, wie man sich öffentlich einmischen müßte, und wenn ich es nicht tat, schämte ich mich speziell vor ihm. Ihm (Lehrmeister und Vertrauensperson in einem) schrieb ich (anläßlich der Einführung der Wehrpflicht) den einzigen Leserbrief meines

Lebens, – dessen Antwort ich in diesen Vortrag sicher eingebaut hätte, gäbe es sie.

Als sein Schüler (der ihm freilich unbekannt war) bin ich also voreingenommen, glaube aber doch nicht zu übertreiben, wenn ich den literarischen und moralischen Einfluß, den er auch in der DDR ausgeübt hat, enorm nenne – was sich erklären, kaum aber beweisen läßt. Denn die Auflagenzahlen, die nicht gering waren, sagen wenig, weil damit der Bedarf nicht gedeckt werden konnte; und die Rezensionen richteten sich, eher mehr als weniger, nach der jeweiligen politischen Linie, die im Fall Böll zu starken Schwankungen neigte, da er zwar als Kritiker des Westens, nicht aber als der des Ostens gefiel. Man müßte also nicht die Statistiken, die Zeitungen und die Lehrbücher, sondern die Leser befragen und würde dabei wohl erfahren, daß die Rezeption hier und da so unterschiedlich nicht war.

Denn mit der schuldbeladenen Vorgeschichte der Deutschen waren beide Staaten belastet, und der Vorgang der Schuldverdrängung war psychologisch hier und da ähnlich, auch wenn er politisch und ideologisch unter anderem Vorzeichen geschah. Während man auf der einen Seite die Besitzverhältnisse der Nazizeit restaurierte, auf Hitlers Offiziere, auf Globke, auf Oberländer nicht verzichten zu können glaubte und einen blinden Antikommunismus über das angebliche Jahr Null hinüberrettete, gelang es der anderen Seite, wo Widerstandskämpfer und Emigranten in führenden Positionen saßen und den Antifaschismus verordneten, die alte Autoritätsgläubigkeit, statt sie zu bekämpfen, für eigne Zwecke zu nutzen, den blinden Glauben an den weisen Führer von dem verfluchten toten auf den siegreichen lebenden zu übertragen und dem neuen Staatsvolk den Eindruck zu geben: es sei 1945 nicht nur befreit worden, sondern es habe gesiegt. Man hatte also den Faschismus, wie es hieß, mit der Wurzel ausgerottet – und die Schuld an die Bewohner des anderen deutschen Staats delegiert. Bölls mahnende Erinnerungen waren also auch hier vonnöten, nicht weniger seine Verteidigung individueller Selbstbestimmung gegenüber den politischen Apparaten und seine rigorose Ablehnung von Feindbildern, Militär und Krieg. Er wurde gelesen, geliebt und verstanden, und seine Aufrichtigkeit und sein mutiger Nonkonformismus hat als Vorbild gedient. Die kurzschlüssige, vom Wahn der Omnipotenz des Staates eingegebene These von den zwei deutschen Literaturen, deren eine (wie es damals hieß) der anderen eine Geschichtsepoche voraus ist, hat inzwischen ein ehrwürdiges Alter; Böll hat sie (unbeabsichtigt, wie ich vermute, denn die östlichen Deutschen, die Preußen, darin war er wohl seinem Widersacher Adenauer ähnlich, interessierten ihn wenig) – Böll also hat diese These durch seine Wirkung schon früh widerlegt.

Das Bewußtsein von deutscher Schuld ist heute, ein halbes Jahrhundert nach Kriegsbeginn, stärker vorhanden als noch vor Jahren – ich hoffe, nicht deshalb nur, weil nun bald keiner der Täter mehr lebt. Man weiß heute mehr über die Mittäterschaft der Wehrmacht, der Industrie, der Justiz und der Wissenschaft; die Regierung der DDR anerkennt heute auch die Pflicht zur Wiedergutmachung an den Juden; und die früher auf beiden Seiten einseitige Sicht auf den Widerstand gegen Hitler wird hier und dort korrigiert. Andererseits aber regen sich Nationalismus, Fremdenhaß und Gewaltverherrlichung wieder stärker, und Historiker treten auf, die Geschichte nur zu betreiben scheinen, um sie sich, mitsamt der Schuld, vom Halse zu schaffen. Indem man Auschwitz gegen die Untaten anderer aufrechnet, verharmlost man es.

Heinrich Böll, lebte er noch, würde zu diesen Vorgängen sicher nicht schweigen, und ich vermisse sein Wort sehr. Er hat seinen Ruhm, der weit über die Leserschaft seiner Bücher hinausging, immer auch als die Verpflichtung verstanden, ihn für seine Vision einer »bewohnbaren Welt« einzusetzen. Seine Zeitgenossenschaft hat er ernst genommen, als Autor und als öffentliche Person. In seinen Büchern, die »Fortschreibungen« historischer Entwicklungen sein sollten, ist er kaum weniger aktuell gewesen, als in Essays, Gesprächen und Reden, und er hat Risiken, wie das, sich zu irren, oder das, nur der Gegenwart dienstbar zu sein, nicht gescheut. Verehrung und Liebe, Feindschaft und Bösartigkeit hat er wie kein anderer deutscher Autor der letzten Jahrzehnte auf sich gezogen, aber irregemacht an seinem Auftrag: das was geschieht, an dem was sein soll, dem Humanen, zu messen, hat ihn das nicht. Er habe, sagte er in einem Fernsehinterview, zu dem Amt, das man »Gewissen der Nation« nenne, keine Begabung, und er führte die Suche nach einem solchen auf Mangelerscheinungen an Gewissen bei Presse, Parlamenten, Parteien und Kirchen zurück. Er wollte das nationale Gewissen nicht sein. Aber er war es – obgleich er am Schluß des erwähnten Interviews (nicht ganz ernst, wie sich in seinen letzten Lebensjahren herausstellte) sagte: er habe einen neuen Hausheiligen, der Gottfried heiße und ein Nachkomme des Götz von Berlichingen sei.

Von der Gefährlichkeit der Poesie

Rede zur Eröffnung der Kölner Böll-Ausstellung in Leipzig am 13. November 1989

Als 1983 das Kölner Ehrenbürgerrecht an Heinrich Böll verliehen wurde, überging dieser die Kontroverse, die es seinetwegen vorher im Rat der Stadt gegeben hatte, nicht mit höflichem Schweigen, sondern machte das Thema seiner Dankrede daraus. Seine Widersacher, die ihm diese hohe und seltene Ehrung nicht gönnten (außer Ernst Moritz Arndt war noch kein Schriftsteller ihrer für würdig befunden worden), hatten versucht, den Künstler Böll, gegen den sie nichts sagen wollten, vom politischen Opponenten Böll, den sie für gefährlich hielten, zu trennen, und der Geehrte, der sich ironischerweise nicht etwa gegen den Angriff auf seine politischen Wortmeldungen, sondern gegen eine Verharmlosung seines erzählerischen Werks verwahrte, hielt ihnen nun eine Predigt über die gefährliche Wirkung der Poesie. Gerade das Künstlerische, das sie für harmlos hielten, sagte er ihnen und verwies sie auf Goethe und Hebel, auf Kleist und Büchner, sei es doch, das den politischen Zündstoff berge, weil es sich nämlich von der »routinepolitischen« Sprache entferne und deshalb eindringlicher als politische Schriften sei. Wolle man einen lebenden, aber nicht anstößigen Autor ehren, müsse man einen »Langweiler« wählen, und auch bei dem sei das Risiko da, daß er in Zukunft noch Unruhe stiften könnte, es sei denn, er wäre, wie Arndt, als er der Ehrung teilhaftig wurde, schon 90 Jahre alt.

Nicht nur um die Stadt Köln ihrer Kunstfreundlichkeit und ihrer Toleranz wegen zu loben oder um der Stadt Leipzig zu ihrer posthumen Einladung an Böll (in Form dieser Ausstellung) zu gratulieren, stelle ich dieses Plädoyer für die Anstößigkeit des Künstlerischen (die Thomas Mann, der in Bölls Dankrede auch erwähnt wurde, ihre Inkorrektheit nannte) an den Anfang meiner Ausführungen, sondern auch um von vornherein klarzustellen, daß ich die Aufspaltung in den Künstler und den politischen Mahner nicht mitzumachen gedenke, da es mir um den ganzen Böll dabei geht. Er war ja tatsächlich, wie häufig gesagt wurde, der Anwalt der kleinen Leute, der Frauen, der Fremden, der Außenseiter, der Helfer der Verfolgten, der Verteidiger des Friedens und der Hüter der Menschenrechte – in erster Linie aber war er ein Schriftsteller, und nur weil er *das* war, konnte er das andere auch alles sein. Der Schriftsteller Böll war für die Institution Böll Voraussetzung im doppelten Sinne: erst der künstlerische Ruhm machte ihn zu einer Person auf die man auch hörte, und man hörte immer wieder auf ihn, weil der Künstler auch in aktueller Mahnung und Anklage wirksam war. Denn künstlerische Literatur im besten Sinne waren doch auch seine Essays und Reden. Aus ihnen ließe sich ziemlich lückenlos die deutsche Geschichte seiner Lebenszeit ablesen – das aber gilt für seine Erzählungen und Romane auch. Der Erzähler war wie der Publizist immer auf Gegenwart eingeschworen, was dem Gesamtwerk eine seltene Einheitlichkeit gab. Wenn trotzdem häufig versucht wurde, den politisch Engagierten vom Erzähler zu trennen, so hatte das immer den Grund, daß man mit literarischen oder politischen Absichten den einen gegen den anderen ausspielen wollte, so oder so. Die moralische Autorität, die Böll neben der literarischen hatte, war manchem ein Ärgernis, weil er besonders durch sie auch politischen Einfluß hatte. Und ich, der ich diesen Einfluß an eignem Geist und Gemüt lebhaft erfahren habe, frage mich, wenn ich über seine erstaunliche Wirkung nachdenke, woher das kam. Die Antwort wird bruchstückhaft ausfallen, einmal der nötigen Kürze wegen, zum anderen aber auch weil ich vieles nicht weiß. Man hat von Charisma gesprochen und damit ein Wort für seine Ausstrahlung gefunden, aber erklärt ist damit noch nichts. Ich will meinen Versuch einer Antwort in vier Punkte gliedern, denen ich paradox anmutende Überschriften gebe, um anzudeuten wie kompliziert und fragwürdig sie sind:

1. Weil er kein Politiker war, konnte er politisch so wirksam werden,
2. Empfindsamkeit paarte sich bei ihm mit Strapazierfähigkeit,
3. Objektivität erreichte er durch subjektive Betrachtungsweise, und
4. seine Sprachkunst bestand in der Kunstlosigkeit.

Der erste Punkt soll von seiner Wahrhaftigkeit handeln, und nicht ohne Grund ist er den anderen vorangestellt. Böll war ohne Falsch, ohne Heuchelei, ohne gewollte Dunkelheiten und Winkelzüge; dem Menschen und seinen Büchern (ich spreche, wie gesagt, immer von beiden) merkte jeder das an. Wenn er sagte, er sei in Sorge (über die Wiederbewaffnung oder die Raketenstationierung oder die Behandlung von Schriftstellern in den sozialistischen Ländern zum Beispiel), wußte man, daß er diese auch fühlte, und sein Zorn über eine Radau-Presse, die Hysterie schürte, war (in der »Katharina Blum«, in Aufsätzen und in mündlichen Äußerungen) für jeden erkennbar echt. Seine Offenheit war ohne Vorsicht; auf sich selbst nahm er keine Rücksicht; er gab sich Blößen; er irrte; aber seine Glaubwürdigkeit litt darunter nicht. Grundlage seiner Ehrlichkeit war eine Selbständigkeit, die er sich immer bewahrte; nie opferte er sie einer Gruppe, einer Partei, einer Mode, einer politischen Konzeption oder einer Regierung auf. Nur seinem Gewissen war er verpflichtet, wie er in einer frühen Rede (von 1959) sagte, und kriminell nennt er dort einen Schriftsteller, der sich den Mächtigen anbietet oder beugt. »Die Sprache als Hort der Freiheit« hieß diese Rede; und wenn er auch später nicht mehr so sehr zum Grundsätzlichen und Pathetischen neigte und das Problem lieber vom Negativen her anging (wie in dem Monolog des Mannes, der für Politiker Reden schreibt, in den »Frauen vor Flußlandschaft«, seinem letzten Roman), so bleibt er doch seinem Grundsatz, daß Sprache und Gewisssen nicht getrennt werden dürfen, sein Leben lang treu. Da er kein Politiker oder Parteigänger war (die sich bekanntlich immer geschickt, aber nicht unbedingt wahr äußern müssen), brauchte er sich nie diplomatisch »bedeckt« zu halten, konnte er auch Dinge, die durch Sprachregelungen versteckt werden, beim Namen nennen, Trauer- und Aufklärungsarbeit leisten und von der Politik immer wieder verlangen, daß sie sich der Moral unterwirft. Uneitel war er in erstaunlichem Maße, so daß niemand ihm Geltungssucht unterstellen konnte. Grundlage des Vertrauens, das er genoß, war aber vor allem, daß er als Widersacher der Mächtigen ganz ohne Verlangen nach eigner Macht war.

Seine Empfindsamkeit (und damit sind wir beim zweiten unserer vier Punkte), die ihm, wenn sie nicht mit Charakterfestigkeit verbunden gewesen wäre, im rauhen Klima des politischen Lebens leicht hätte zur Schwäche werden können, machte seine Stärke als Autor aus. Sein Gedicht »Meine Muse« (von 1965) schließt mit der Strophe:

»Meine Muse ist eine Deutsche
sie gibt keinen Schutz
nur wenn ich in Drachenblut bade
legt sie die Hand mir aufs Herz
so bleib ich verwundbar.«

Er mußte verwundbar bleiben, um ein Schriftsteller bleiben zu können; als Mann der Öffentlichkeit aber, den Anfeindungen und Verleumdungen leiden machten, hätte er eine Hornhaut gebraucht. Die aber hatte er nie, so wenig, wie er Selbstgefälligkeit und Zynismus hatte. Da aber seine Empfindsamkeit auch über das Gegenmittel Humor verfügte und nicht nur ihn selbst betraf, sondern die Welt mit ihrer Ungerechtigkeit und ihrem Elend umfaßte, gab sie ihm trotzdem die Kraft auszuhalten und bis zum Ende, das viel zu früh kam, seiner Aufgabe gerecht zu werden, die man, um seiner Bescheidenheit zu entsprechen, nicht schlicht genug formulieren kann.

Denn er hatte (Punkt drei) keine politische oder metaphysische Heilsbotschaft zu verkünden. Keine Weltanschauung vermittelte er, sondern eine Haltung. Er wollte nur, um der Menschlichkeit willen, die Erfahrungen seiner Generation weitergeben, also an Krieg, Hunger, Unterdrückung und vor allem an Schuld erinnern, damit sich Ähnliches nicht wiederholt. Die neuere deutsche Geschichte, die er be- und verurteilen konnte, da er sie am eignen Leibe und mit wachen Sinnen erfahren hatte, war ihm immer Grundierung für das, was er über eine Gegenwart aussagte, die zur Vergeßlichkeit neigte; und da er ein Künstler war, also Konkretes brauchte, benutzte er seine subjektiven Erinnerungen dazu. Daß sich das so entstandene (oberflächlich gesehen) Individuelle und Provinzielle, dieses Rheinische, Katholische, Böllsche, für den Leser dann zum Modell einer größeren Wirklichkeit weitet, ist das Geheimnis der Kunst, durch das auch St. Petersburg, Dublin oder Prag, ein Bergsanatorium, ein Herrensitz oder eben auch Köln stellvertretend für die Welt stehen kann. Für mich damals (wie es späteren Generationen ergehen wird, ist noch abzuwarten) wurde die Wirklichkeit, die ich durch seine Schriften entdeckte, zur eignen. Ich lernte neu sehen durch sie und mein eignes Erleben anders beurteilen. Daß ich mich von diesem Autor verstanden fühlte, war aber vielleicht noch wichtiger für mich. Denn seine Sicht auf Geschichte und die politischen Mächte war, wie mir schien, auch die meine; sie wurde durch ihn nur gerechtfertigt und damit gestärkt. Sensibel, verzweifelt, ohnmächtig und wütend war man auch vor der Böll-Lektüre gewesen; danach aber brauchte man sich dessen nicht mehr zu schämen. Die subjektive, kritische Sicht auf die Dinge machte auch diese neu.

Bölls Sprache (um auf den Anfang zurück und zu Punkt vier zu kommen) ist tatsächlich, wie er den Stadtverordneten 1983 erläutert hatte, von Schablonen und Routine frei. Er hatte die Sprachbewußtheit eines Aufklärers, dem es nicht auf Schönheit, Erhabenheit oder

Experimentierfreudigkeit ankommt, sondern dem es um Genauigkeit, Kritikfähigkeit und Verständlichkeit geht. Seine Sprache wurde nicht komplizierter, sondern schlichter mit wachsendem Alter; immer mehr näherte sie sich einer genau gearbeiteten Alltagssprache, nicht ohne Ironie und Humor. Er hat von der »Moral der Sprache« und 1958 von der tödlichen Wirkung mancher Wörter gesprochen und als Beispiele dafür die Wörter *Jude* und (mitten im kalten Krieg) *Kommunist* und *Oder-Neiße* erwähnt. Hätte er diese Rede damals nicht in Wuppertal, sondern in Leipzig gehalten, wären ihm vielleicht Wörter wie *Bautzen* oder *Pazifist* Beispiel gewesen; aber den inneren Zustand, der entsteht, wenn Sprache und Gewissen nicht zusammenfallen, hätte er hier wie dort Schizophrenie genannt.

Daß die Kölner Politiker damals sich von Böll davon überzeugen ließen, daß Romane gefährlicher als politische Pamphlete sein können, ist nicht anzunehmen – selbst wenn man ihnen das Lesen künstlerischer Literatur unterstellt. Denn für sie zählt die Masse (und das sind die Fernsehzuschauer und nicht die Leser), und für gefährlich halten sie Inhalte, nicht aber Haltungen; sie reagieren auf Reiz- und Schlagworte, nicht aber auf Differenziertheiten, weil sie auf Kurzzeitwirkung und Vereinfachung eingestellt sind. Sie denken nur (leicht übertrieben gesagt) bis zur nächsten Wahl oder zum nächsten Parteitag; Kunstwirkungen aber erstrecken sich auf längere Zeiträume; nicht politische Meinungen, die wechseln, werden durch sie bestimmt, sondern menschliche Haltungen: zur Umwelt (auch im ökologischen Sinne), zu Wahrheit und Lüge, zur Würde, zur Macht. In Zensurpraktiken besonders (wie und wo die auch immer geübt werden) wird diese Kurzsichtigkeit deutlich. Man achtet auf Stoffe, die genehm sind oder einem Schweigegebot unterliegen, und auf Begriffe, die sich der Sprachregelung unterwerfen oder auch nicht. Das Gefährliche, das sie verhindern wollen, besteht für sie also in den Direktheiten; das Unterschwellige, wie die Sichtweise des Autors, die Handlungs- und Empfindungsart der Figuren und die Schlußfolgerungen und Emotionen, die im Leser ausgelöst und viel gefährlicher werden können, sehen sie nicht, oder doch weniger. (Und ich muß an dieser Stelle ein Gottseidank! einfügen, damit nicht der Gedanke entstehe, ich werfe den Zensoren das als Nachlässigkeit vor.)

Der Zensur (und ich spreche jetzt nicht mehr von einem Irgendwo, sondern pro domo) ist im Fall Böll kaum ein Vorwurf zu machen, oder doch nur ein kleiner, denn im Unterschied zu der Aversion, die sie gegen andere wichtige westdeutsche Autoren hatten (gegen Grass zum Beispiel, aber auch mit dem ist es inzwischen besser geworden), waren ihre Verhinderungsmaßnahmen vergleichsweise gering. Fast das gesamte erzählerische Werk Bölls konnte, nicht von Anfang an, aber doch sehr früh (seit 1956 nämlich), von den Verlagen der DDR in hohen Auflagen verbreitet werden, und trotz manch engstirniger Kritik, von der auch sein Werk nicht verschont wurde, war er als einer der größten Gegenwartsautoren deutscher Sprache doch anerkannt. Wenn ich trotzdem das leidige Thema Zensur (ich hoffe: mit Recht in der Vergangenheitsform) hier berühre, so nicht nur, weil es sich, wenn man im Geiste Bölls reden will, fast gehört, auch über anstößige Themen zu reden, und auch nicht nur, um die Verlage der DDR auf das Fehlen der

Essayistik aufmerksam zu machen, sondern hauptsächlich deswegen, weil jede Auswahl, die aus politischen Gründen getroffen wird, jene Kurzsichtigkeit, die Böll ironisch beklagte, so schön deutlich beweist. Man begrüßte seine Inhalte und Stoffe, die sich gegen Nazismus und Krieg, gegen Wirtschaftswundermentalität und andere Erscheinungen der westdeutschen Nachkriegsgesellschaft wandten, und schreckte zurück vor den wenigen, kleinen (manchmal übrigens auch schwachen) Passagen, die kritische Blicke auch in östliche Richtung warfen, wie zum Beispiel die zweieinhalb Seiten umfassende Erfurt-Episode in den »Ansichten eines Clowns«. Da fährt der Clown Schnier nach Thüringen und verdirbt es sich nicht nur, wie überall sonst, mit den katholischen Theologen, sondern auch mit den Kulturfunktionären, die seine satirischen Nummern »so hübsch als antikapitalistisch einstufen konnten«, weil er ihnen nämlich vorschlägt, seinen Sketch mit dem Titel »Aufsichtsratssitzung« für Erfurter Verhältnisse in »Sitzung des Kreiskomitees« oder »Der Parteitag wählt sein Präsidium« umzubenennen; denn dort würde ja wohl auch nur beschlossen werden, was schon vorher beschlossene Sache gewesen sei.

Die »Ansichten eines Clowns« also, das »Gruppenbild mit Dame« und die Masse der Aufsätze und Reden, die Bölls Literatur- und Gesellschaftsverständnis zu direkt zur Sprache brachten, wurden also aus pädagogischen Gründen den DDR-Lesern vorenthalten – was (man verzeihe den harten Ausdruck) geradezu kindisch war. Denn das, was man da, wenn es wortwörtlich vorkam, nicht zuließ (also Bölls Pazifismus, seine Verweigerungshaltung, sein Abscheu vor allem autoritären Bevormunden und Gängeln und seine Auffassung, daß Literatur Macht nicht zu stützen, sondern zu zügeln habe) kam doch viel eindringlicher, weil nicht nur gesagt, sondern gestaltet, in den Romanen, Erzählungen und Satiren zum Ausdruck, stellvertretend für die andersgeartete Lage des Lesers: als Widerstehens-Modell. Kann der sensible Leser doch auch die Leiden und Freuden aus vergangenen Zeiten und fernen Ländern auf seine eignen übertragen – wieviel besser noch die aus dem anderen Deutschland, das geographisch und ethnisch, psychisch und historisch so nahe ist. Mögen die Grundlagen der Macht und die andere Lebensweise (unter deren Oberfläche sich das Nationale erstaunlich konstant behauptet) sich auch hier und dort unterscheiden: die Mächtigen, die Karrieresüchtigen, die Mitläufer, die Leidenden und die Verweigerer sind sich rechts- und linkselbisch weitgehend ähnlich. Man lernt den kritischen Blick also auch von einem, dessen Kritik einem anderen Gegenstand gilt.

Wortmeldungen von Schriftstellern zu aktuellen Fragen sind wichtig, wenn sie offizielle oder landläufige Ansichten unterlaufen oder in Frage stellen, wichtiger aber sind ihre Werke, wenn sie, wie die Heinrich Bölls, wahrhaftig und kritisch sind. Denn sie verändern nicht Tagesansichten, sondern moralische Werte, die irgendwann einmal dazu beitragen können, die politische Landschaft zu ändern – durch gewaltfreie Verweigerung beispielsweise oder durch verantwortungsbewußte Opposition.

Wenn heute jahrzehntelang gegängelte und bevormundete Leute passiv oder aktiv (ich meine: weggehend oder aufbegehrend) ihre individuellen Souveränitätsrechte verlangen und damit eine vom Kindergarten an währende einseitige autoritäre Erziehung in einer Weise ad absurdum führen, die die dafür Verantwortlichen zur inneren Einkehr und damit zur vorzeitigen (oder auch überfälligen) Pensionierung veranlassen mußte oder müßte, so hat dazu sicher auch, neben vielen anderen, stärkeren und meßbaren Einflüssen, eine kritische, sensibilisierende, die Würde des Individuums stärkende Literatur beigetragen, zu der ganz bestimmt und ganz obenan Heinrich Böll als Autor, als Vorbild und Stammvater gehört.

Pädagogisches hat auch die Ausstellung, die wir hier eröffnen, zu bieten, wenn auch aus ganz anderer, sehr ferner Zeit. Auf Bölls Reifezeugnis möchte ich Sie aufmerksam machen, weil sich an ihm auch die Zufälligkeit (um nicht zu sagen: Wertlosigkeit) schulischer Beurteilung beweist. In Mathematik und Physik ist der Abiturient gut, in Deutsch und Religion nur genügend, und sein Charakter scheint dem Zensurengeber »schwerblütig« und »nicht energisch genug« zu sein. Andererseits weiß man aber auch von seiner »Zuneigung zur Literatur« zu berichten, und ein wohl gütiger Lehrer trägt in die auch damals schon vorhandene Zeile für politische Beurteilung, die damals, 1937, schlicht »Betätigung in n. s. Verbänden« hieß, eine für den späteren Böll tatsächlich bezeichnende Bemerkung ein. Sie lautet: »Ist wegen seiner Krankheit nicht organisiert.«

Dankrede zum Heinrich-Böll-Preis

Köln, am 30. November 1990

Sehr geehrte Damen und Herren!

Die Entgegennahme von Preisen gehört ohne Zweifel zu den Annehmlichkeiten eines Schriftstellerlebens, und zwar nicht nur ihrer stets willkommenen Dotierung wegen, sondern mehr noch weil in ihnen das Echo, auf das jeder Autor wartet, besonders vernehmlich wird. Als Schreiber braucht man die Leser, denn die Drucksachen, die man vom einsamen Schreibtisch aus in die Welt sendet, bekommen erst Sinn, wenn sich für sie auch Empfänger finden; und es ist ein schöner Gedanke, die Preisrichter als deren Delegierte zu sehen. Nun passen aber, wie die Erfahrung lehrt, Preis und Preisträger nicht in jedem Fall zueinander, so daß Letzterer in die peinliche Lage geraten kann, in der Danksagung über eine Persönlichkeit reden zu müssen, die ihm in seinem bisherigen Leben wenig oder gar nichts bedeutet hat. Als eine besonders glückliche Fügung dagegen kann es bezeichnet werden, wenn der Preisträger den Namenspatron des Preises ehrlichen Herzens des Preisens für würdig halten und vielleicht sogar auf künstlerische Beziehungen zu ihm hinweisen kann. In einem solchen glücklichen Fall kann es passieren, daß er seine Dankrede so umständlich einleitet wie diese, weil er die innere Bewegung, die stärker ist als allgemein üblich und schicklich, zu zeigen sich scheut.

Ein solcher Glücksfall ist, Sie ahnten es schon, der meine; denn Heinrich Böll, den ich persönlich kaum kannte, war in den Anfängen meines Schreibens für mich das unerreichbare Vorbild, und der Maßstab, an dem ich die Verantwortung des Schriftstellers messe, ist er, allen feuilletonistischen Ankündigungen einer Umwertung aller diesbezüglichen Werte zum Trotz, noch heute für mich. Zur Erinnerung an ihn will ich die Frage zu beantworten versuchen, worauf diese Beziehung, die man zeitweilig auch Abhängigkeit hätte nennen können, beruhte. Aufschlüsse über Bölls Werk oder gar eine Lösung des Rätsels, das alle Kunstwirkung umgibt, dürfen Sie freilich hier nicht erwarten; denn was ich zu sagen habe, wird mehr persönliche Erinnerung als Verallgemeinerung sein. Es sind Erinnerungen an ein Lehrer-Schüler-Verhältnis, von dem der Lehrer nichts wissen konnte, weil der Schüler, der innerhalb ummauerter Grenzen lebte, nicht von ihm selbst, sondern nur aus den Schriften des Meisters lernte. Er las diese aber so, als seien sie an ihn persönlich gerichtet, so daß er immer den Eindruck hatte, er kenne den Autor selbst auch. An diesem einseitigen Intimverhältnis konnten auch zwei spätere persönliche Begegnungen nichts ändern; denn der Lehrer war so, wie ihn sich der Schüler nach seinen Büchern vorgestellt hatte, und von seiner heimlichen Schülerschaft verriet er dem Lehrer, der ihm wie ein Gleicher entgegenkam, nicht ein Wort.

Die erste Begegnung, anläßlich einer Böll-Lesung, fiel, als signalisierte sie eine tiefere Bedeutung, auf des Schülers Geburtstag, und sie war ihm das schönste Geschenk. Die Evangelische Akademie Berlin-Brandenburg hatte Böll nach Ost-Berlin eingeladen, und daß er

1969, also acht Jahre nach dem Bau der Mauer, tatsächlich dort auftreten durfte, war eine Sensation. Obwohl keine schriftliche Ankündigung dieses Abends erfolgt war, konnte die Kirche des Stephanus-Stifts die Masse der Zuhörer nicht fassen, man stand in den Gängen, drängte sich auf der Empore, und auch die Vor- und Nebenräume waren mit Zuspätgekommenen gefüllt. Da damals die Anwesenheit in kirchlichen Bereichen wie ein Bekenntnis zu eigenständigem Denken wirkte, zu dem für viele ein wenig Mut gehörte, und auch weil man die staatlichen Beobachter unter sich wußte, war die Stimmung gespannt. Für einige der Akademie verbundene Autoren waren in den ersten Bankreihen Plätze reserviert worden, doch hatte man an dieses Entgegenkommen die Bitte geknüpft, bei der anschließenden Diskussion mitzuhelfen, was nicht nur hieß, die gefürchteten Schweigesekunden des Anfangs zu kürzen, sondern auch brisante politische Themen, wie Mauer oder Zensur, zu vermeiden oder nur anzudeuten; denn da man auch andere westdeutsche Autoren einladen zu dürfen hoffte, war man auch hier vom Taktieren mit dem Ungeist der Macht nicht ganz frei.

Bei mir freilich war man mit der Bitte, als Gesprächsanimateur zu wirken, leider an den Falschen geraten; denn ich war ein notorischer Schweiger und im Diskutieren ein Stümper; schon bei harmloseren Gelegenheiten konnte die Aussicht, vor mehr als fünf Menschen reden zu müssen, bei mir Herzklopfen und Magenbeschwerden erzeugen; nun aber, vor einer unübersehbaren Masse von Leuten, multiplizierten sich diese Leiden und wurden verstärkt durch die Tatsache, daß die Entfernung zum Angebeteten höchstens zwei Meter betrug. Denn

Böll hatte zwar von der Kanzel gelesen, war in Erwartung des Gesprächs aber herabgestiegen, wobei er den Beinen der auf den Altarstufen Sitzenden (unter denen übrigens Wolf Biermann war) hatte ausweichen müssen, und hatte sich vor die erste Bankreihe gestellt. Da nun die gefürchteten Schweigesekunden tatsächlich zu lang wurden und die Akademiechefin in ihrer Not den Böll-Kenner namentlich dazu aufrief, den Anfang zu machen, kamen also zu den üblichen Beschwerden auch noch ein Gliederzittern und eine eigenartige, bisher nie erfahrene Leere im Kopf hinzu. Alle Gedanken hatten sich spurlos verflüchtigt. Welcher Zentrale die Worte gehorchten, die ich mich sprechen hörte, war rätselhaft.

Dabei war ich nicht unvorbereitet. Böll hatte, wenn mein Gedächtnis mich nicht täuscht, aus seinem Roman »Ansichten eines Clowns« gelesen, dessen Erscheinen zwar schon sechs Jahre zurücklag, der aber, einer satirischen Passage über SED-Kulturfunktionäre wegen, in der DDR nicht erschienen war. Jedenfalls las er einen Text, den ich schon kannte, so daß ich während des Zuhörens nebenbei auch Fragen an ihn vorformulieren konnte, die nicht nur interessante Antworten provozieren, sondern die auch anklingen lassen sollten, wie sehr sein Werk mich betraf. Meine Gedankenarbeit für diese ersehnte und gefürchtete Sekunde war auch nicht ohne Ergebnis geblieben; ich hatte den vermeintlichen Gleichklang zwischen Autor und Leser ordnen und in ein System bringen können und dabei vier Erfahrungsbereiche, die ich mit den Stichworten: Krieg, Kirche, Köln und Kritik benannte, als Grund für diese Verbundenheit ausgemacht.

Böll war etwa zehn Jahre älter als ich, also kein Vater,

der einer früheren Generation angehörte, eher ein großer Bruder, der mit den katastrophalen Lebensumständen meiner Jugendjahre die gleichen Erfahrungen hatte, nur daß die älter und längerandauernd waren, bewußter durchlebt und besser durchdacht. Böll hatte 1939 Soldat werden müssen, ich war 1943, als halbes Kind, an die Kanonen beordert worden, war, wie er, als Kriegs- und Militärgegner aus dem Kriege zurückgekommen, hatte, wie er, versucht, mir den Schock von der Seele zu schreiben, nur war mir das, im Unterschied zu ihm, nicht geglückt. Als eifriger Leser verfolgte ich alles, was in den auf den Krieg folgenden Jahren über diesen geschrieben wurde, doch konnte ich darin die Kriegswirklichkeit, wie ich sie erlebt hatte, nicht wiederfinden, bis mir »Der Zug war pünktlich« und »Wanderer, kommst du nach Spa...« in die Hände gerieten und mir die Gewißheit gaben, daß ich mit meiner Art des Erlebens doch so einsam nicht wahr. Vielleicht machte ich mir über diese Übereinstimmung Illusionen; vielleicht war das, was ich für mein Eignes hielt, erst durch die Suggestion dieser Prosa in mich hineingebracht worden, aber selbst das, sage ich mir heute, hätte nur dadurch geschehen können, daß die kräftige Prägung, die die Böll-Lektüre verursachte, in blassen Umrissen wenigstens in mir schon vorher vorhanden gewesen war. »Wo warst du, Adam« bestätigte dann diese Verwandtschaft. Wären die Kurzgeschichten über Kriegs- und Nachkriegsereignisse, die ich damals am laufenden Band schreiben konnte, so erträglich gewesen, daß sie einen Verleger gefunden hätten, wäre ich als reiner Böll-Epigone an die Öffentlichkeit getreten. Doch davor bewahrte mich meine Unfähigkeit.

Der zweite Erfahrungsbereich, den ich mit dem Verehrten gemeinsam zu haben glaubte, und der sich gut in den Diskussionsort, die Kirche, eingepaßt hätte, war das Katholische, das sich in mir schon immer (was manchem seltsam erscheint, aber Böll-Kenner nicht wundert) mit dem Problemkreis um Frauen, Liebe und Ehe verband. Da spielen Widerstände hinein, die mit Begriffen wie Keuschheit, Zölibat, Unbefleckte Empfängnis und Beichte zusammenhängen; da gibt es die Einheit von Ästhetik und Glauben, das Einkalkulieren der Sünde und vor allem die große Liebes-, Verehrungs- und Hingabeaufforderung im Marienkult. Zwar war Bölls rheinischer und kritischer Katholizismus ein anderer, als der, den ich in Berlin, in der Diaspora also, kennengelernt und teils als Bedrückung, teils als Behütung erfahren hatte, aber der katholische Stallgeruch, der bei Böll nicht nur in den erzählten Geschehnissen da war, sondern für den Dazugehörigen auch die Sprache durchwehte, war ähnlich und damit auch heimatlich und vertraut. Aus diesem Bereich ließ sich manche Frage ableiten, die der Autor vielleicht nicht als klischeehaft empfunden hätte, wie zum Beispiel die nach der Reinheit seiner Frauenfiguren, die auch in der Verworfenheit noch wie Heilige wirken, oder die, ob seine Kritik an der Institution Kirche wohl anders (und wie anders) ausgefallen wäre, hätte er hier im Osten, im betont atheistischen Staat gelebt.

Der dritte Verwandtschaftsbereich, der von mir damals als Diskussionsfeld erwogen wurde, war mit dem Stichwort Köln etwas mißverständlich umschrieben; denn ich war in Köln nie gewesen; daß die Urväter meiner Familie einmal aus dieser Gegend gekommen waren, war zu lange her, um für mich eine Rolle zu spielen, und von der Stadt wußte ich nichts, als daß sie am Rhein lag, einen berühmten Dom und einen nicht weniger berühmten Karneval hatte, daß die Heinzelmännchen vordem in ihr fleißig gewesen waren – und natürlich daß sie Bölls Heimat war. Die reale Stadt (mit der mich heute, wäre mein preußisch-monarchistischer Traditionalismus stärker, Friedrich Wilhelm III., der nun wieder über den Heumarkt reitet, verbinden könnte) war es also nicht, die ich mit diesem Kürzel meinte. Es war vielmehr der Gebrauch, den Heinrich Böll im Werk von seiner Heimatstadt machte, sein Verhaftetsein an sie, seine Liebe zu ihr, die eine kritische Haltung nicht nur nicht ausschloß, sondern erforderte, seine Treue zu ihr, die sich darin zeigte, daß er, der Autor von Weltgeltung, sie immer wieder zum Ort seiner Erzählungen und damit für alle Welt zur literarischen Landschaft machte, ihr also eine zweite, für mehr als sich selbst stehende, höhere Realität verlieh. Sein erzähltes Köln steht stellvertretend für andere Städte. Ich konnte als Leser mühelos seine konkreten Verhältnisse in meine andersgearteten übertragen, als Schreiber guten Gewissens nach seinem Vorbild die Örtlichkeiten, die mir lieb und vertraut waren, benutzen – wie ich auch seine kritische Haltung zur westdeutschen Entwicklung der Nachkriegsjahre als vorbildlich für die Kritik am anderen deutschen Teilstaat empfand.

Zu diesem, dem vierten Bereich meiner damaligen Überlegungen hätte ich ihn zum Beispiel danach fragen können, ob er, wie ich, die Praxis der DDR-Zensoren seinem Werk gegenüber nicht nur verwerflich, sondern auch kindisch fände, weil sie nämlich in ihm nur das Vordergründige des Stoffes sahen, nicht aber die ehrliche, kritische, aller Konformität bare Haltung, die sich hier zeigte, so daß sie alles von ihm, was er am Westen kritisierte, begrüßten und druckten, auf das, was sich mit östlichen Mängeln befaßte, aber mit Verbot reagierten, obwohl doch der Standpunkt des Autors, als Widerstehens-Modell, viel gefährlicher war. Böll-Nachfolge im diktatorisch regierten Teil-Deutschland mußte bedeuten, sich nicht (oder nicht nur) den Herren, die er kritisierte, sondern den eignen entgegenzustellen – (wobei ich in Klammern hinzufügen möchte, daß heute, als Resultat der Vereinigung, auch diese zweigeteilte Kritik wieder zu einer wird.) Ist es richtig, aus Ihren Büchern herauszulesen, hatte ich damals in der Stephanus-Kirche fragen wollen, daß Literatur Macht zügeln, nicht preisen müsse – aber was ich dann sagte, fiel harmloser, schwerer verständlich und vor allem viel länger aus.

Helden sind anders, als ich war an diesem Abend. Sie kennen vermutlich auch nicht diesen erbärmlichen Körper- und Geisteszustand, für den nicht nur die Nähe des Hochverehrten, die Ungeübtheit im öffentlichen Reden und die gefüllte Kirche verantwortlich waren, sondern auch Ängstlichkeit. Heinrich Böll zu verehren, sich ihn als Vorbild zu wählen und damit ein Gebiet der individuellen Verantwortlichkeit zu betreten, in dem Literatur und Politik sich berühren, erforderte, wie ich in diesem Augenblick der Verwirrung merkte, Stärke und Konfliktfähigkeit, die ich nicht hatte, und deshalb quälte sich Unverfängliches, das politisch nicht schaden konnte, aus mir heraus. Der Wille zur Böll-Nachfolge war ausgeschaltet; die Angst (die man freundlicher auch Selbsterhaltungstrieb nennen könnte) hatte die Befehlsgewalt übernommen und ließ statt Ausdruck von eigner Meinung nur angelesenes Landläufiges zu. Der Vorwurf der Kleinbürgerlichkeit und des Konventionellen, den Dogmatiker der Moderne hier und des Klassenkampfs dort schon häufig erhoben hatten, sollte nun auch, als Frage kaschiert, aus meinem Mund kommen, aber es wurde nichts draus. Denn die Frage, wie denn der Autor auf die Quängeleien der Rezensenten über die ewigen kleinen Leute und dies ewige Köln oder Bonn reagiere, wurde zu keiner solchen, weil mir mein Zustand nur Wortketten erlaubte, die man auch mit viel gutem Willen nicht als Sätze bezeichnen konnte, und weil ich mich in Gefilde verirrte, in denen kein Hauptweg mit Fragezeichen am Ende zu finden war. Es war der Lauf über Stock und Stein eines nicht zurechnungsfähigen Blinden. Ins Stokken geriet ich erst als ich mich von Shakespeare erzählen hörte, nicht wußte, wie ich dort hingeraten war und wieder wegkommen sollte; und während ich das auf dem Umweg über Cervantes versuchte, war von der Empore Gelächter zu hören, das mich zwar erschrecken, meinen Irrlauf aber nicht aufhalten, sondern nur beschleunigen konnte, bis sich ein leises Zischen erhob, langsam anschwoll und sich zu einer Bösartigkeit steigerte, die mir die weitere hektische Suche nach einem Ende mit Fragezeichen verbot. Das Publikum wollte Heinrich Böll hören, sich nicht aber von einem vielredenden Schwachkopf langweilen lassen; vor allem aber witterte es den Versuch, eine Diskussion über Politisches abzublocken, zu Unrecht, doch nicht ohne Grund. Denn, wie gesagt, wäre eine unpolitische Diskussion den Veranstaltern lieb gewesen, und außerdem gehörte es tatsächlich zu den Schutzmaßnahmen des auf nur eine Weltsicht vertrauenden Staates, Veranstaltungen, die nicht zu verbieten waren, durch eingeschleuste Staatsschützer in eine dem Staat genehme Richtung zu lenken. Damals vollzog sich das noch in sehr primitiven Formen, so daß man durchaus mein Gestammel für einen bestellten Ablenkungsversuch halten konnte; später hatte man schon genügend Leute, die nebenbeigesagt noch alle unter uns weilen, für diese Aufgabe qualifiziert.

Der einzige Kirchenbesucher, der mir geduldig und wohlwollend zugehört hatte, war der dicht vor mir stehende, gütig lächelnde, mir ermunternd zunickende Heinrich Böll gewesen, der in demselben Moment, in dem ich vor der lauter werdenden Feindschaft der Menge kapitulierte, mich hinsetzte und mich klein machte, den Unmut der Massen zur Ruhe brachte und ausführlich antwortete, als hätte ich ihm wirklich eine Frage gestellt. Der weitere Diskussionsverlauf fehlt in meiner Erinnerung. (Sicher ließe er sich aus den Akten des Staatssicherheitsdienstes rekonstruieren). Später beim Wein in kleinerer Runde war von meiner Blamage nicht mehr die Rede. Ich versuchte, Böll nicht unter die Augen zu kommen, doch er zog mich, sicher in freundlicher Absicht, mit ins Gespräch. Eine Moskauerin, die Bücher von ihm und von mir ins Russische übersetzt hatte, war unser Thema, und das gab auch drei Jahre später auf einem PEN-Kongreß unserer zweiten Begegnung Gesprächsstoff. Meinen unglücklichen Auftritt als Diskussionsredner hatte er sicher am nächsten Tag schon vergessen. Mich quälte mein Versagen noch lange, bis ich es einer Romanfigur anhängen konnte, die mit zwei verschiedenen Schuhen bekleidet auf das Rednerpult geht. Ein bißchen plump ist dieses Symbol für das Schwanken zwischen Wahrheitsbemühen und Feigheit hier wohl geraten; aber mit Symbolen war ja auch Böll nicht in jedem Fall glücklich. Und so wirkte er hier, wenn auch auf Umwegen doppelt: als literarischer Einfluß und als Person.

Der Roman, in dem der ängstliche Redner sich lächerlich machte, hieß »Preisverleihung«. Und mit der Nennung dieses Titels bin ich wieder beim Hier und Heute und zugleich auch bei meinem umständlichen Anfang, dem aber kein ebenso umständliches Ende entsprechen soll. Ich will also zum Schluß nur noch danken: Ihnen meine Damen und Herren, für Ihr geduldiges Zuhören, Herrn Professor Mauser für seine freundliche Lobrede und der Stadt Köln dafür, daß sie sich Heinrich Bölls Größe erinnert; und natürlich danke ich auch für den mir kostbaren Preis.

Lobrede auf Martin Walser

Zur Verleihung des Ricarda-Huch-Preises in Darmstadt am 17. Juni 1990

Sehr geehrte Damen und Herren,

öffentliches Loben in Gegenwart des Gelobten ist für diesen in jedem Fall peinlich, selbst in dem günstigsten, in dem das gelobt wird, was er selbst für lobenswert hält. Besser dran ist da der Lobredner, vorausgesetzt, er findet etwas zu loben, oder er hat gar, wie ich, das Werk des heutigen Preisträgers von den »Ehen in Philippsburg« und der »Halbzeit« an bis zu den aktuellsten Essays unserer Tage über nun schon drei Jahrzehnte hin, immer mit Freude, fast immer mit Zustimmung und mit jener höheren Heiterkeit, die nur Kunst zu erzeugen vermag, verfolgt. Denn hier kann er, der Lobredner, alle kritischen Nebentöne, mit denen er andernorts Urteilskraft und Unabhängigkeit unter Beweis stellen müßte, beiseite lassen und, wie seine Pflicht als Laudator erfordert, loben was das Zeug hält.

Aber nicht einer nur soll hier gelobt werden. Das Vorhaben, am 17. Juni, anläßlich der Verleihung des Ricarda-Huch-Preises, Martin Walser zu ehren, erlaubt es, das Lob auf andere mit auszudehnen: auf die Stifter des Preises natürlich, denen wir diese festliche Zusammenkunft zu verdanken haben, auf die Preisrichter ferner, denen man eine glückliche Hand und wache Zeitgenossenschaft bescheinigen sollte, und auf die Namenspatronin des Preises, die Thomas Mann 1924 die »erste Frau

Deutschlands ..., wahrscheinlich Europas« genannt hat. Durch sie, durch das heutige Datum und durch die Deutschland betreffenden Aufsätze Martin Walsers ist der Inhalt der Laudatio fast vorgegeben. Sie soll 1933 einsetzen, von Heimat, Nation, Europa, von höheren Werten und auch von Gefühlen (nicht aber, weil alle darüber schon reden, vom Geld) handeln, nebenbei auch die Frage berühren, wer wohl beim Streit der Deutschen um Deutschland letzten Endes der Gewinner sein könnte – und dabei das Kunststück vollbringen, nach so viel Walser-Lektüre nicht in seinen Stil zu verfallen, also mit weniger Punkten auszukommen als er.

Als 1933, dem Jahr, unter dessen Spätfolgen wir heute noch leiden, die Preußische Akademie der Künste von ihren Mitgliedern eine Loyalitätserklärung für Hitlers Regierung verlangte, fiel die Antwort Ricarda Huchs mutiger und entschiedener als die anderer Autoren aus. »Daß ein Deutscher deutsch empfindet,« schrieb sie unter anderem an den Akademiepräsidenten, »möchte ich fast für selbstverständlich halten; aber was deutsch ist, und wie Deutschtum sich betätigen soll, darüber gibt es verschiedene Meinungen. Was die jetzige Regierung als nationale Gesinnung vorschreibt, ist nicht mein Deutschtum. Die Zentralisierung, den Zwang, die brutalen Methoden, die Diffamierung Andersdenkender, das prahlerische Selbstlob halte ich für undeutsch und unheilvoll.« Sie war also nicht bedingungslos für die deutsche Sache, sondern nur, wenn höhere Werte, wie Humanität, Recht und Freiheit, in ihr gewahrt und geachtet wurden, andernfalls mußte sie sich, so gefährlich das damals auch war, dem Nationalen verweigern, hielt es also für »unmöglich, in einer staatlichen Akademie zu bleiben«. »Hiermit erkläre ich meinen Austritt«, heißt es zum Schluß.

Die Erinnerung an diese »herrliche Frau«, die ihresgleichen nicht hatte, wie Alfred Döblin 1950 sagte, soll hier nicht etwa dazu dienen, krampfhaft Verbindungslinien zwischen ihr und dem Preisträger zu schaffen, sie soll vielmehr auf die Bedeutung des Historischen aufmerksam machen, wozu Ricarda Huch, sowohl als eine wichtige Gestalt unserer Literaturgeschichte, als auch als eine Autorin historischer Stoffe (eine, nebenbei gesagt, *vor* ihr fast ausschließlich männliche Domäne) besonders geeignet ist. Das Bewußtsein geschichtlichen Herkommens bestimmte ihr Denken und Schreiben, und auch ihr nationales Empfinden, das sie so mutig dem der braunen Machthaber entgegensetzte, war eines, das auf Geschichtsbewußtsein basierte – wie wohl jede nationale oder sonstwie gemeinschaftliche Selbstidentifikation. Wer danach fragt, wer er sei, fragt danach, wie er wurde. Wenn eine Nation sich als zusammengehörig empfindet, müssen die Gründe dafür in der Gemeinsamkeit der Kultur und des Schicksals, also in der Geschichte liegen. Diese aber wirkt nicht nur durch die Geschehnisse selbst, sondern auch durch die Kunde von ihnen, sei sie geschrieben oder erzählt. Denn Geschichte ist mehr als Ereignischronik; durch Bewertung und Auswahl wird sie auch Beispiel und Sinngebung und damit zur formenden Kraft. Die Tat der Geschwister Scholl und ihres Widerstandskreises in München wäre, gäbe es keine Kunde von ihr, für die deutsche Geschichte ohne Bedeutung geblieben; erst als durch die Geschichtsschreiber oder Erzähler (die greise Ricarda Huch war mit ihrem, leider Fragment gebliebenen »Lautlosen Aufstand« die erste von ihnen) der Welt dieses Opfer bekannt gemacht wurde, bekam es, als Vorbild und als Beweis für die Existenz eines besseren Deutschland, auch seinen Sinn. – Verlauf und Charakter des Aufstandes vom 17. Juni sind, um ein weiteres, heute gerade fälliges Beispiel zu nennen, in der Forschung umstritten geblieben, die Tatsache aber, daß die Bundesrepublik Deutschland den Tag zu dem der deutschen Einheit erklärte, in jährlichen Feierstunden der Opfer gedachte und durch leerlaufende Festtagsroutine Kritik provozierte, sorgte dafür, daß der Gedanke an Einheit auch noch am Leben gehalten wurde, als niemand sie mehr für möglich hielt.

Der 17. Juni, der 13. August, der 20. Juli – diese Kürzel, bei denen die Jahreszahl stumm bleibt, haben für Deutsche, ob sie sich nun vor oder hinter der Mauer befanden, ihre feste Bedeutung, so wie auch Franzosen und Polen und andere Nationen mit bloßen Daten ein Ereignis benennen, das sie alle betraf. Auch an solche Details der nationalen Verständigung sollte man denken, wenn man Kulturnation oder Schicksalsgemeinschaft sagt oder gar zugibt, wie Martin Walser das tat, in dieser Hinsicht Gefühle zu haben – was man ihm, als gäbe es nicht dergleichen, oder als hätten sie keine Rolle zu spielen, oder als sei ihr Fehlen psychologisch betrachtet nicht ebenso besorgniserregend als ihr übersteigertes Auftreten, oder als sei es unanständig, sie auch (wie zum Beispiel die Berliner am 9. November 1989) zu äußern, besonders verübelt hat.

Ich bin also endlich bei meinem Thema. Das könnte Martin Walser und Deutschland heißen oder aber auch Heimatkunde, nach einem Essay von ihm aus den sechziger Jahren, der auch einer Sammlung von Aufsätzen und Reden aus dieser Zeit seinen Titel gab. Dieser Band wird mit einem Aufsatz über ein Kapitel neuerer deutscher Geschichte eröffnet, der das Goethesche Motto trägt:

> Willst Du Dir ein hübsch Leben zimmern,
> Mußt Du Dich ums Vergangne nicht kümmern,

und der natürlich das Gegenteil davon meint. Denn sein Thema ist der Auschwitz-Prozeß, oder vielmehr die Verdrängungsmechanismen, die in Deutschland bei solcher Gelegenheit wirksam werden. In anderen Texten ist vom Vietnamkrieg und der Gruppe 47, von außerparlamentarischer Opposition und von großer Koalition die Rede, kritisch, ironisch und häufig auch witzig – wenn der Verfasser zum Beispiel das Modewort Engagement dreht und wendet, skeptisch befragt und am Ende doch ernst nimmt, auch wenn es einen gesellschaftlichen Standort bezeichnet, der »sich an Deutlichkeit mit dem Elfenbeinturm messen kann«. Heute sind das Sorgen und Zornesausbrüche von gestern, und doch sind sie noch immer gewinnbringend und manchmal ergötzlich zu lesen, auch wenn sich mit ihnen für andere vielleicht nicht, wie es bei mir der Fall ist, die Erinnerung an Denk- und Lesefreuden von damals verknüpft. Denn so genau diese Essays auch die Tagesprobleme trafen, so wenig erschöpften sie sich in ihnen. Subjektiv und bekenntnishaft wie sie waren, luden sie dazu ein, sich mit ihnen zu identifizieren. Weil sie ein Stück Autobiographie auch waren, entdeckte der Leser, wie in Walsers Romanen, auch ein Stück von sich selbst.

Der Text »Heimatkunde«, der dem Band den Titel gegeben hatte, betrug nur zehn Seiten, stand ziemlich genau in der Mitte und wurde von mir, mit den »Bemerkungen über unsern Dialekt« zusammen, als das Zentrum des Bandes begriffen – damals vielleicht nur deswegen, weil dieses persönliche Offenbaren, dieses, wenn auch ironisch gebrochene, Bekenntnis zur engeren Heimat, das den Vorwurf des Provinzialismus geradezu provozierte, (besonders natürlich bei den Leuten, die, nach Walser, keinen Gamsbart sehen können, »ohne sich gleich als schneidige Intellektuelle zu fühlen«), auf mich besonders ehrlich und mutig wirkte, und weil ich mich, obwohl staatlich und geographisch in anderen Breiten befindlich und ohne etwa den Müggelsee mit dem Bodensee vergleichen zu wollen, in einer ähnlichen Lage befand. »Man versucht natürlich wegzukommen«, heißt es bei Walser. »Ernsthaft. Ich versuche es immer wieder einmal. Immer weniger ernsthaft. Sicher ist, ich bin bis jetzt ohne Absicht hiergeblieben. Ohne einen leicht mitteilbaren Grund.«

So dezent kann man über die großen Gefühle zum Kleinen reden. Und wer ihrer fähig ist, dieser Gefühle, kann auch für die anderer zu anderen Gegenden Verständnis aufbringen, für die eines Dresdners beispielsweise (das bezieht sich auf ausgeplauderte Pläne des Preisträgers), der im Westen lebt und doch von den Brühlschen Terrassen und der Frauenkirche nicht lassen kann. Vielleicht, sage ich mir heute, prädestiniert diese Verbundenheit mit der Enge auch zu der mit der Weite, mit der Nation also, die dann, europäisch betrachtet, auch wieder vertraute Enge bedeutet, so daß der mit ihr eng Verbundene, weil er Verständnis hat für das Verbundensein auch mit anderen Nationen, vielleicht doch der bessere Europäer sein wird. Unheimlicher als das Geschrei nach Einheit, hörte ich in Kalten-Kriegs-Zeiten von Polen, sei ihnen das unbegreifliche deutsche Sichabfinden mit der Teilung, von dem man nicht wisse, ob es ein Trick sei, um Europa zu täuschen, oder das deutsche Bedürfnis, es wieder besser zu machen als alle andern, in Ost und West also der Primus zu sein. Hinter diesem Mißtrauen steht der Gedanke, daß, wer das Eigne mißachtet, auch das Eigne des Nachbarn nicht achten könne, oder aber, noch schlimmer, der Vorwurf der Heuchelei.

Mehr oder weniger haben wir in den letzten Jahren alle geheuchelt, oder um es freundlicher zu sagen: es waren Verdrängungen wirksam; man hatte uns (oder wir hatten uns selbst) einem Tabu unterworfen, das hüben und drüben, aber aus unterschiedlichen Gründen, bis zum vorigen Herbst galt. Die östliche These von den zwei deutschen Nationen und den zwei nationalen Kulturen, von denen die eine auch noch der anderen um eine Geschichtsepoche voraus gewesen sein sollte, wurde, will man (was ich aber nicht empfehle) den Verlautbarungen ehemaliger DDR-Prominenter aus Politik und Kultur glauben, einzig und allein vom Partei- und Staatschef vertreten und einzig und allein von ihm auch geglaubt. Er hatte sie zum unbezweifelbaren Grundsatz erhoben (zur Staatsdoktrin, wie den Antifaschismus, der die DDR-Bewohner davor bewahrte, sich Auschwitz wegen schuldig zu fühlen), die Journalisten hatten sie täglich bestätigt, aller Art Professoren hatten sie weniger häufig, aber häufig genug, in aller Art Theorie immer erneut bewiesen und Fernsehautoren hatten sie in Geschichten (in der Art »Krupp und Krause«) auch den Nicht-Lesern schmackhaft gemacht.

Andersherum ging es zu im anderen Teil Deutschlands, was aber erstaunlicherweise zu den fast gleichen Ergebnissen führte. Das Streben nach Einheit war hier grundgesetzlich verordnet, und die regierungsamtliche Rhetorik dazu war gesetzestreu wie nur eine, doch kam sie, da die sie begleitenden politischen Handlungen oft anders waren, bei denkenden Menschen bald in Verruf. Zur Entlarvung des routinierten Geredes gehörte auch, daß man das Einheitsbestreben gefährlich und realitätsblind nannte, daß man empfahl, Verwandtschaft und Sprache nicht ernst zu nehmen, daß man das Nationale schlechthin zum raunenden, wabernden Mythos erklärte – und den unverbesserlichen Nationalisten rechtsaußen zum gefälligen Gebrauch überließ.

Hier wie dort war man also im letzten Jahrzehnt damit beschäftigt, sich in den ursprünglich als provisorisch gedachten Staaten, die man inzwischen für unveränderbar hielt, intellektuell einzurichten, wozu auch das Bemühen gehörte, die deutsche Geschichte in diesem Sinne zu sehen. Die Theorie, daß es Deutschland, vom Bismarck-Reich abgesehen, eigentlich niemals gegeben hatte, war dabei besonders beliebt. So stark waren die Tabus, denen man sich freiwillig oder gezwungen unterworfen hatte, daß sie sich nach den Herbstereignissen 1989 noch einige Tage an der Macht halten konnten. Dann erst feierte (eine Kuriosität der Literaturgeschichte) der tote Staatshymnen-Dichter beim Abgesang auf seinen Staat, wenn auch mit einer Zeile nur, Auferstehung. Dann erst brach man das Schweigen. Martin Walser hatte das schon zehn Jahre vorher getan.

Ich möchte mich nicht, so nahe es auch liegt, dazu versteigen, den Essay von 1979 »Händedruck mit Gespenstern« prophetisch zu nennen; ich möchte das schlichtere Wort ehrlich wählen; denn das ist den Selbstzweifeln angemessener, mit denen Walser hier sein Ungenügen an der deutschen Situation artikuliert. Er weiß nicht: Ist der Mangel, den er da in Worte zu fassen versucht, nur der eigne? Hat nur er das Bedürfnis nach Überwindung der Teilung, fühlt nur er sich, wie sein Spion in »Dorle und Wolf«, als Deutscher halbiert? »Dann«, schreibt er, »will ich nichts gesagt haben. Dann bin ich durch mich getäuscht. Dann sind meine Gespenster wirklich Gespenster. Meine Angst – eine Laune. Sie wird gleich keine mehr sein.«

Es waren, wissen wir heute, keine Gespenster. Es war auch keine vorübergehende Laune. Es war vielmehr der klassische Fall einer Wortwerdung von Zeitgeist durch Literatur. Nur wußte das keiner, nicht einmal Martin Walser selber, der in seinem längsten und bekanntesten Text über Deutschland (der soviel Zorn, Ärger, Besorgnis und Zustimmung erregte, soviel Bedenkenswertes dagegen zu Tage brachte, und dem auch die Widersacher dankbar sein sollten, weil er ihnen Gelegenheit gab, ihre Positionen in polemischen Tönen, die immer beflügeln, deutlich zu machen, so daß der Streit insgesamt so etwas wie Annäherung an die Wahrheit brachte, wir alle durch ihn also klüger wurden und sozusagen Gewinner waren) – in seinem Bericht »Über Deutschland reden« also wußte auch Walser noch nicht, daß er aussprach, was viele bewegte, auch wenn es sich mancher nicht eingestand. »Das ist mein Problem«, heißt es zu Anfang. »Ich werde vorerst noch nicht müde, es auszusprechen, in der Hoffnung, dadurch doch noch zu erfahren, daß es nicht nur mein Problem sei.«

Da er tatsächlich nicht müde wurde, das heute Selbstverständliche auszusprechen, hatte Walser das seltene Schriftstellerglück, zu erfahren, daß seine Probleme, die er öffentlich machte, auch die vieler anderer waren, und die Zwickmühle zwischen demokratischem Gewissen und Besserwissen, in die manche vom Volk enttäuschte Intellektuelle geraten, blieb ihm erspart. Er gab Persönliches und traf Nationales, und in der friedliebenden, nicht-nationalistischen, auch die deutsche Geschichte mit ihren Verbrechen bedenkenden Art, in der er das Nationale gab, traf er auch Europäisches, (und daß ich diesen Gedanken fast wörtlich von Thomas Mann ausgeliehen habe, bitte ich Martin Walser, der Manns Bedeutung nicht wahrhaben möchte, mir zu verzeihen). Das Europa der Zukunft wird doch wohl eines sein der Nationen, die ihre Eigenarten nicht aufgeben, sondern zur Bereicherung aller entfalten, ein föderalistisches Gebilde also, je föderalistischer, desto besser, mit einem vielfältigen, nicht länger waffenstarrenden Deutschland, das nicht halbiert, sondern, seiner Natur und Geschichte entsprechend, auch föderalisiert ist, und das die Erfahrungen und Mentalitäten seines östlichen Teils toleriert.

Wie metaphernsüchtige Politiker und Journalisten zu sagen belieben, ist der Zug der Einheit lange schon abgefahren; die Herbst-Euphorie ist der Frühjahrs-Ernüchterung und dem sommerlichen Geldzählen gewichen; man kann wieder lernen, wie Nationales und Soziales einander bedingen; die beginnenden Gespräche, auch unter Intellektuellen, gestalten sich schwieriger als angenommen; vierzig Jahre Auseinanderleben haben, besonders bei den Jüngeren, ihre Spuren hinterlassen, und die tote Diktatur wirkt posthum nicht nur durch ihre noch lebenden Handlanger und Nutznießer weiter, sondern auch durch eine Lebenshaltung, die ihr entsprach. Mit ihrem Ende enden für ihre Gegner hüben und drüben aber auch manche Gemeinsamkeiten. Man wird sich der Unterschiede bewußt, die die Bedrohung hatte vergessen machen. Man erspart sich nun auch manchmal gegenseitige Rücksichtnahmen – was nicht zu ändern ist und auch nicht zu bedauern wäre, würde immer Fairneß dabei gewahrt.

Vom Überstürzen der Ereignisse kann wohl auch in dieser Hinsicht gesprochen werden. Heute Geschriebenes kann morgen schon vorgestrig wirken. Doch glaube man nicht, es erübrige sich deshalb, die Gedanken und Beobachtungen Walsers erneut zu lesen, und sei es nur der Erkenntnis wegen, daß manches glücklicher hätte laufen können, als es gelaufen ist. Seinem Lagebericht vom Dezember hat er nicht grundlos den Titel »Deutsche Sorgen« gegeben. Seine Worte des Abscheus über die Siegerposen derer, die die unblutige Revolution nicht gemacht, aber beerbt haben, lassen erwarten, daß er den Gang der Dinge, die gesamtdeutsch oder deutsch-deutsch zu nennen sich nun bald erübrigt, weiterhin kritisch und hellsichtig begleiten wird.

In der Schlagzeile zu einem Geburtstagsartikel wurde Martin Walser vor einigen Jahren, bezogen auf die Gestaltenwelt seiner Romane, als »Chronist der totgeborenen Wünsche« bezeichnet. Nichts wäre falscher, als den über Deutschland redenden Walser so charakterisieren zu wollen. Besser wäre das mit zwei Schlußsätzen seiner Essays zu machen, deren erster, aus einer kurzen Erklärung vom 11. November, zu diesem Tag und dieser festlichen Stunde, in der wir die Enttäuschung darüber, daß sich die deutsche Frage in eine parteitaktische und monitäre verwandelte, zeitweilig vergessen oder in die Erleichterung über das Ausbleiben nationalistischer Töne ummünzen wollen, so glänzend paßt. Er paßte auch gut als Ermunterung oder Zurechtweisung jener Intellektuellen, die, statt das Ende der Staatsvormundschaft zu bejubeln, nach dem Staat rufen, der sie vor den Fährnissen der Freiheit beschützen möge – was manchmal sich anhört, als sehne sich ein ehemaliger Häftling nach Ordnung und Sicherheit seiner Zelle zurück. Der Walsersche Satz besagt nämlich, daß jetzt Zeit sei, glücklich zu sein und sich darüber zu freuen, daß den Deutschen auch einmal Geschichte gelänge. Der zweite, dazugehörige, stammt vom Dezember und ist so kurz und eindeutig wie so viele Walsersche Sätze. Er heißt: »Diesem Niveau muß Politik jetzt entsprechen.«

Und dazu kann man nur sagen: Da hat er wohl, nicht wie immer, aber doch wie manchmal schon, recht.

Verzeichnis der Erstdrucke

Zur Erinnerung. Brief an alle, die es angeht. (Dez. 1989). In: Sinn und Form. 1990/3. S. 453–458.

So viele Länder, Ströme, Sitten. Gedanken zur deutschen Kulturnation. (Jan. 1990). Vortrag in der Evangelischen Akademie Tutzing am 1. Febr. 1990. In: Frankfurter Allgemeine Zeitung vom 3. Febr. 1990.

Deutsche Befindlichkeiten. (Okt. 1990). Vortrag auf dem American-German Workshop for Journalists am 5. Nov. 1990 in Gütersloh. (Ungedruckt).

Jubelschreie, Trauergesänge. Bemerkungen zum Literatenstreit. (Aug. 1990). In: Die Zeit. 1990/37 vom 7. Sept. 1990.

Über den Schriftsteller als Entdecker. (1982). In: Mitteilungen der Akademie der Künste der DDR. 1986/6.

Sermon über die Vergänglichkeit. (Sept. 1986). In: Frankfurter Rundschau vom 4. Okt. 1986.

Unparteiische Gedanken über die Zensur. (Jan. 1989). In: H. H. Houben: Hier Zensur – wer dort? Der gefesselte Biedermeier. Leipzig: Reclam 1990. (Reclams Universalbibliothek, 1340) S. 467–477.

Zum Beispiel Kossenblatt. Über den Wanderer Fontane. In: Theodor Fontane: Die schönsten Wanderungen durch die Mark Brandenburg. Hrsg. von Günter de Bruyn. Berlin: Buchverlag Der Morgen 1988. (Märkischer Dichtergarten) S. 247–272. Hier finden sich auch die Anmerkungen und Quellenhinweise zu diesem Essay.

Mein Liebling Marwitz oder Die meisten Zitate sind falsch. (1989). In: Text und Kritik. Hrsg. von Heinz Ludwig Arnold. Sonderband Theodor Fontane. München 1989. S. 11–29. Hier finden sich auch die Anmerkungen und Quellenhinweise zu diesem Essay.

Deutschland als geistige Lebensform. Rede in Lübeck zur Thomas-Mann-Preis-Verleihung am 6. Mai 1990. (Ungedruckt).

Als der Krieg ausbrach. Über Heinrich Böll. Vortrag auf der PEN-Tagung in Köln am 19. Mai 1989. In: Sinn und Form 1989/5. S. 941–947.

Von der Gefährlichkeit der Poesie. Rede zur Eröffnung der Kölner Böll-Ausstellung in Leipzig am 13. November 1989. In: Sinn und Form 1990/6. S. 1058–1064.

Dankrede zum Heinrich-Böll-Preis in Köln am 30. November 1990. (Ungedruckt).

Lobrede auf Martin Walser zur Verleihung des Ricarda-Huch-Preises in Darmstadt am 17. Juni 1990. In: Ricarda-Huch-Preis 1990. Hrsg. vom Magistrat der Stadt Darmstadt. Darmstadt 1990. S. 11–21.

Inhalt

Günter de Bruyn

»Wenn man unter den deutschsprachigen Schriftstellern unserer Jahrzehnte denjenigen auszeichnen wollte, der die Arroganz bis zum letzten Hauch aus seiner Sprache getilgt und die Fairneß zur Arbeitsmoral erhoben hat, gehörte Günter de Bruyn der Preis.«
Sibylle Wirsing in »Frankfurter Allgemeine Zeitung«

Buridans Esel
Roman
Fischer Taschenbuch Band 1880

Das Leben des Jean Paul Friedrich Richter
Eine Biographie
410 Seiten mit 17 Abb. Leinen. S. Fischer
auch lieferbar als Fischer Taschenbuch Band 10973

Lesefreuden
Über Bücher und Menschen. Essays
335 Seiten. Leinen. S. Fischer

Märkische Forschungen
Erzählungen für Freunde der Literaturgeschichte
152 Seiten. Geb. S. Fischer
auch lieferbar als Fischer Taschenbuch Band 5059

Neue Herrlichkeit
Roman. 216 Seiten. Leinen. S. Fischer
auch lieferbar als Fischer Taschenbuch Band 5994

Preisverleihung
Roman
Fischer Taschenbuch Band 5401

S. Fischer Verlag